**EMPRENDER CON EL ABRAZO
DE LA ENERGÍA Y LA
ESPIRITUALIDAD
INSPIRADOR Y MAGNÉTICO**

Derechos de Autor ©
Esperanza Ramírez Velásquez
2018

**Derechos reservados
Derechos de autor Internacional
Motivación y Movimiento
EN MI©**

La información de este libro está protegida por Copyright
Y no se puede reimprimir ni copiar en papel ni electrónicamente.
Son experiencias de la autora acumulada en su experiencia.
Usar la información por su propio riesgo.

All Rights Reserved

Dedicado a mi padre
Me inspira siempre,
Su innata virtud de ser
empresario y negociante.

INDICE

Introducción	8
La Espiritualidad y la Empresa	9
Ser empresario	13
Cuento	15
Motivación para un Empresario	18
Modelo Motivación En Mí	23
Empresa	29
Movimientos certeros Para Crear una empresa	34
Plan Movimiento Inmediato Del Emprendedor	38
Realidad magnética	39
Fórmula de Éxito Para Emprender	41
Coordenadas para Abrazar, El Emprendimiento y la Espiritualidad	44

Diferentes modelos De negocios	47
Tipos de negocios	49
Algunas sugerencias De negocios	53
Triangulo MAR	56
Principios Economía En Mí	57
Diferentes sociedades	59
Proyecto de Vida	61
Un empresario Debe tener	61
Sectores de la Economía	63
Glosario Importante Para Entender el Emprendimiento	64
Motivación En Mí	101
Motivación 1	103
Las 4 p del marketing	106
Motivación Empresarial	109

Motivación 2	111
Motivación 3	115
Motivación 4	120
Motivación 5	122
Etapas	122
Valor – valores	127
Motivación 6	130
Motivación 7	132
Motivación 8	146
Motivación 9	150
Negocios vs Empresario	151
Motivación 10	152
Motivación 11	156
Modelo movimiento	157
Iniciar amar	159
Síntesis modelo	166
Motivación En Mí	
Modelo movimiento	
Movimiento Inicio	168
Movimiento Inicio	
Día uno	208

Observémonos a Nosotros mismos	214
Día dos	217
La importancia de Iniciar	222
Día tres	229
Día cuatro	233
Día cinco	238
Día seis	245
Día siete – iniciar Amar	253
Bibliografía	262

INTRODUCCIÓN

Este libro se escribió con el fin de motivar a todas las personas que quieren ser empresarios.

Ser empresario es una de las profesiones más fascinantes y debemos motivarnos.

Todos los días para ser un empresario exitoso.

La motivación es una de las fuerzas más energética que puede tener un ser humano en cualquier tarea que emprenda.

El empresario más motivado del mundo es una verdad feliz con su trabajo y con todo lo que conlleva una empresa o negocio en cualquier campo.

Motivarnos para ser un gran empresario hacer que nuestros días sean especiales y felices.

LA ESPIRITUALIDAD Y LA EMPRESA
La espiritualidad no solo es religiosa, una persona puede ser espiritual sin ser religiosa, la espiritualidad tiene que ver con el sentido de la vida, la

felicidad que buscamos como seres humanos.

La espiritualidad en los negocios es una realidad, cada vez que el universo y las personas sienten que son uno. La palabra espíritu significa "Aliento o sea lo que da vida" La esencia de la empresa su existencia en el mundo empresarial.

Es decir la libertad de entender la esencia de la vida, a través de tu empresa, desde cualquier nivel empleado, operario, directivo, etc.

En nuestro campo vamos a desarrollar, la motivación para introducir la espiritualidad a nuestra empresa.

Explicamos el triángulo MAR, a manera de introducción al empresario, o al que tiene el Proyecto de abrir un negocio o empresa.

El comprometernos con nosotros mismos, con la familia y con la empresa mejora a tal grado que la Espiritualidad se volverá un compromiso.

Es decir un trabajo que me puede dar la realización existencial y financiera para encontrar o buscar la felicidad que tanto quiero.

El universo nos dará las respuestas que buscamos para armonizar nuestro trabajo, con nuestra espiritualidad.

Encontrará muchas respuestas donde cuando se abracen espiritualidad y empresa, se da como un choque necesario para encontrar la esencia de la vida.

La recomendación es introducir la Mevitación®© en todas las áreas de la empresa. Así el desarrollo de todos será óptima y excelente y sobre todo integral.

Cuando una empresa se transforma también se transforma nuestro desarrollo personal. La motivación está ligada a la cooperación y a nuestro aporte en el mundo ya sea nuestro pequeño mundo o nuestro grande mundo. Debemos armonizar nuestro interior con nuestro exterior.

Mevitación ®© : Método Modelo Motivación – Movimiento

Visualización y transformación en mi amar.

Beneficios para Mevitar
1. Positivismo
2. Mayor empatía
3. Desarrollo la resiliencia
4. Sentirse más parte de un todo.
5. Motivación
6. Desarrollar la creatividad
7 Mejoría de la comunicación
8 Mayor gratitud
9 Disciplina espiritual
10 Energía Magnética

SER EMPRESARIO

La profesión ser empresario es considerada una profesión muy lucrativa especialmente cuando estamos motivados y amamos la profesión.
Cuando somos empresarios comunicamos nuestras ideas y el cliente recibe el beneficio de nuestro producto o servicio.

Ser empresario además de motivación es enseñar todos los beneficios llevar el orden establecido entregando oportunamente el servicio siempre con responsabilidad de parte y parte.

La personalidad del empresario debe ser amigable y con una motivación de consentimiento presenta a cada

Momento y lo más importante sinceridad en lo que se refiere a su producto sin engañar a su cliente.

CUENTO PIERDETE PARA ENCONTRARTE

El mundo moderno puede hacer que te sientas indefenso e incompetente. Las puertas se abren de forma electrónica.

Los ascensores te llevan arriba y abajo, las comidas son prefabricadas. Puedes contratar a gente para que limpie tu casa, arregle tu coche y pasee a tu perro.

Tener tanta ayuda es práctico, sí, pero plantea un temor Persistente: ¿qué haría si nada de ello existiera? ¿Podría arreglármelas solo?

Los muchachos aborígenes no tienen alternativa.

Cuando llegan a la adolescencia, se los manda a hacer el Walkabout, un paseo en solitario por el desierto australiano durante medio año. Se acabaron los juegos despreocupados. En su lugar la supervivencia.

Para los aborígenes, este rito iniciático estaba estrechamente vinculado a la tierra los iniciados seguían antiguos songlines (senderos de canciones) o senderos de sueños y aprendían a hallar comida y refugio en las rocas y los árboles que sustentaron a sus ancestros.

Y en dicha búsqueda alcanzaban la profunda conciencia de uno mismo Que solo se logra con la soledad. Partían como niños y regresaban como hombres. Pasar seis meses solo en el campo no es ni práctico ni esencial, Pero todo el mundo puede tomarse un tiempo para estar a solas.

Organiza unas vacaciones en solitario; te verás obligado a arreglártelas por tu cuenta y descubrirás qué es lo que te interesa de verdad.

Hazte con el control de aéreas en las que te sientes vulnerable. Si odias hablar en público, apúntate a un curso en la materia.

Adquiere un conocimiento básico de mecánica o aprende a hervir un huevo.

Gana confianza en tus habilidades y siéntete reconfortado al saber que puedes contar contigo.

Tomado del libro
Happy Lonely Planet

MOTIVACIÓN PARA UN EMPRESARIO

La motivación para un empresario es muy importante porque un empresario debe estar siempre con inspiración para seguir avanzando y tener éxito en su empresa.

En este libro nos motivaremos a la empresa y en especial vamos a aprender unas herramientas.

Importantísimas para que esta motivación se convierta en eficiencia en empresas.

La motivación es cuando tenemos un deseo fuerte de hacer algo como lo explicamos en el modelo movimiento con la palabra intensidad.

Un empresario debe enfocarse en entusiasmo que puede tener al realizar y ofrecer su producto o servicio.

El empresario debe sentirse con la energía para continuar cada día ofreciendo lo mejor de sí mismo para unas ventas óptimas.

Cuando un empresario está motivado con el modelo movimiento inicio que

se presenta en uno de los capítulos de este libro,
Su planeación de la empresa será tan eficaz que su empresa aumentará en un Porcentaje altísimo con la diferencia del antes y después de leer este libro.

Es importante que encontremos como empresarios la razón primordial para nuestro producto o servicio en este caso con la
Planeación correcta y el modelo correcto no aplazaremos ni dejaremos las cosas inconclusas sino que vamos a realizar la motivación y el movimiento

adecuado para lograr nuestras metas en nuestra empresa.

Aprenderemos que nuestro tiempo es valioso y lo usaremos de una forma adecuada.

Un empresario debe tener siempre una actitud positiva como en las entrevistas las primeras palabras o los primeros segundos son decisivos para el futuro de su empresa.

Un empresario que se considere profesional debe conocer la misión y visión de su producto.

Debe aprender cada día y actualizarse y con unas ganas y motivación constantes para lograr su objetivo.

Un empresario debe especializarse en su producto o servicio, conocerlo mimarlo y amarlo.

Y lo más importante la ética profesional en la empresa debe ser constante y real.

Ser empresario es el proceso en el cual una persona ayuda a otra para que tome la decisión de comprar algo siempre el vínculo emocional y la empatía es muy importante entre cliente y empresario.

La motivación en un empresario es muy importante debido a que nos da impulso y energía para todos nuestros productos y servicios y poder responder a todas las barreras, obstáculos e inconvenientes que se presenten.

La motivación puede ser por
Que la empresa sea exitosa
Retomar un cliente
Conseguir nuevos clientes para la empresa.

La motivación por cualquiera de las anteriores es lo máximo para un empresario motivado.

MODELO MOTIVACIÓN EN MÍ

M =

O =
T =
I =
V =
A=
C=
I=
Ó=
N=

E=
N=
M=
 I=

A
M
A
R
Cuando somos empresarios debemos visitar a nuestros clientes y enseñarles

los beneficios de nuestro producto o servicio.

Un empresario motivado debe tener conocimiento de todo lo que implica el proceso de empresas y debe tener unas cualidades específicas.

1. Ayudar a sus clientes en todo momento
2. Mucha energía y motivación para trabajar.
3. Conocimiento en todo lo relacionado con su producto o servicio.
4. Organización del tiempo y de todos sus movimientos referentes a su empresa y a su vida personal.

La actitud siempre debe ser positiva.

La personalidad del empresario motivado va siempre enfocada al optimismo en su trabajo.

La actitud es la manera como un empresario motivado expresa sus pensamientos y sentimientos.

Con una actitud motivada un empresario va a generar confianza.

Dedicarse a la profesión en todo sentido es el lema del empresario más motivado.
Piense y actué como el empresario más motivado del mundo.

Su actitud va a determinar en resumidas cuentas su forma de ver la vida.

Comunicación motivadora.

La comunicación es un intercambio de pensamientos, opiniones, ideas e información por medio del habla.

La comunicación es verbal y no verbal.
La motivación del empresario con la motivación se logra que las personas se esfuercen más para lograr sus metas.
Movimientos del empresario equivalen a motivación.

Movimiento = Motivación
EN MÍ   EN MÍ
La motivación es lo que te mueve día a día para alcanzar las metas que quieres lograr.
La motivación es una fuerza poderosa par nuestra vida cotidiana.
Con una motivación certera vamos a ser.

1. Positivos
2. Certeros
3. Auto disciplinados
4. Entusiastas
5. Alto Compañerismo
6. Energía
7. Interés
8. Iniciativa
9. Movimientos certeros
10. Inspiración para realizar todo lo propuesto
11. Amar cada movimiento.

Crear un empresa, requiere mucha responsabilidad, constancia y saber realizar un plan con unos movimientos adecuados que se convertirán.

En magnéticos para atraer todo lo positivo y si somos ordenados y disciplinados, seguramente nuestra meta de abrir un negocio o una empresa pequeña se vuelve realidad.

En todos los países abrir una empresa o negocio requiere de muchos pasos pero si tomamos bien los movimientos para emprender el magnetismo de nuestro esfuerzo se verá recompensado.

Constancia es necesario realizar uno o dos movimientos que te sugieran en este libro.

Los primeros años serán los años que más requiera de la paciencia en la ganancia y no van a ser inmediatos.

Un proceso que requiere de tiempo.

Responsabilidad

La responsabilidad que todo se vaya dando es importante y tener un ambiente de trabajo para sus directivos como para sus empleados.

Cada uno de nosotros es un producto para el mejoramiento de nuestro nuevo negocio.

EMPRESA

El sistema dentro del cual una persona o grupo de personas desarrollan un conjunto de actividades la producción y/o distribución de bienes y/o servicios enmarcados en un objeto social determinado.

Empresa

Proyecto de empresa
1. Nombre
2. Trámites jurídicos
3. Gerente y demás directivos
4. Actividad
5. Productos o servicios
6. Ubicación en el territorio (local)

Creación del negocio

1. Justificación
2. Socios o individual y aportes
3. Desempeño de cada uno
4. Presupuestos
- Nómina
- Ventas
- Costos
- Materia prima

Diseño a seguir

1. De la producción y servicios
2. De la administración
3. De la contabilidad
4. Del personal

Mercado
1. Tipo de producto o servicio con precios
2. Características
3. Compradores
4. Canales de distribución
5. Ventas y controles
6. Publicidad
7. Otros mercados

Producción

1. Materia prima o servicios
2. Proveedores
3. Pagos (sistema)
4. Capacidad de producción
5. Turnos empleados
6. Proceso de producción o servicio
7. Volumen de producción o servicio
8. Maquinaria si es necesario.

Finanzas

1. Balance inicial
2. Estado de pérdidas y ganancias
3. Estado de liquidez
4. Retorno de la inversión y márgenes de ganancias.

Ubicación del negocio

1. Estudio del mercado
2. Segmentos de población
3. Línea de productos o servicios.
4. Entender la demanda potencial
5. Debemos tener mínimo tres proveedores por cada producto.

Variables económicas externas

1. Régimen legal
2. Obligaciones impositivas
3. Líneas de crédito
4. Políticas del gobierno para este tipo de negocio o empresa.

MOVIMIENTOS CERTEROS PARA CREAR UNA EMPRESA

Movimientos certeros para crear una empresa
(Son pagos generales que pueden variar en cada país)
1. Reunión de socios para su constitución política
- Nombrar gerentes y cargos administrativos etc.
- Escritura si es negocio en notaria
- Nombre confirmar con cámara de comercio
- Legalización de la escritura
- Inscripción en cámara de comercio
- Obtención del NIT
(Número de identificación tributaria)

- Inscripción de los libros de contabilidad – libro de acta de socios – libro diario.

Permisos de funcionamiento
- Permiso de planeación
- Permiso de bomberos
- Permiso de la secretaria de salud
- Uso del suelo
- Licencia de funcionamiento
- Permisos del uso de la música (según el tipo de negocio)
- Inscripción de los empleados a salud, pensión, riesgos profesionales etc.
- Inscripción a aportes que cambian según el país es decir aportes a cajas de compensación que requiera el país.

Diferentes casos
1. Dependiendo de su actividad averiguar en cada país los documentos para vendedor o agentes de ventas, agente inmobiliario etc.
2. En casos de importación y exportación, dirigirse a la cámara de comercio respectiva para sus trámites.
3. Subcontratación
4. Estatutos para inversión extranjera

Gestión empresarial
Diligencia para el logro de la empresa o negocio.
Analizar cada uno en todo momento
1. Decisiones
2. Negociación
3. Liderazgo
4. Comunicaciones
5. Conflictos a resolver
6. Políticas de la empresa
7. Ventas, mercadeo,

Promociones

8. Almacenamiento
9. Control
10. Personal
11. Finanzas
12. Producto o servicio
13. Almacenamiento
14. Presupuestos
15. Contabilidad
16. Innovación
17. Inversiones nuevas
18. Capacitaciones
19. Evaluación integral
20. Movimientos magnéticos
21. Tendencia del mercado
22. Nichos de mercado

PLAN MOVIMIENTO INMEDIATO DEL EMPRENDEDOR

Mis movimientos
Ofrecimiento (Saber que ofrezco).
Valor en todo (moral, espiritual y financiero).
Información del dinero (enfrente y saliente)
Mi equipo interno y externo (humano y equipo)
Importancia del capital
En mis clientes
Números y necesidades (gastos, balance, pérdidas y ganancias)
Todo lo que tenemos (entorno especifico)
Operaciones de marketing

REALIDAD MAGNÉTICA

Responsabilidad
Escuchar
Autenticidad
Lista, libro abierto
Intención, intuición
Dirigir
Autenticidad
Disciplina

Mevitación y magnetismo
Abundancia
Gratitud
Naturaleza y medio ambiente
Emociones y esencia equilibrio
Tu espiritualidad
Inspiración
Comunicación, crear riqueza, convicción
Arriesgar

Formula
MAR-Motivación magnética-abundancia espiritual y financiera
Realidad magnética Resultados
En algunas ciudades existen centros de desarrollo empresarial y apoyo al emprendimiento.
En algunos de ellos hasta realizar prestamos con facilidades para comenzar tu negocio o empresa.
Valor agregado – El diferenciador
Nuestra ida como se va a diferenciar del resto y sea rentable.

Segmentos de mercado.
Bien y servicios - salud, dinero, amor, hobbies.
-	Mercado financiero – Bursátil, (bolsa de valores, intermediación financiera).
-	Mercado laboral – formal, informal, agrícola, domestico)

FORMULA DE ÉXITO PARA EMPRENDER

Inteligencias
Don
Esperanza y espiritualidad
Afición

Esencia
Nivelar, Orden y Ocasión

Motivación y Mevitación
Innovación

Inteligencias: Desarrollar inteligencia en especial emocional y creativa

Don: Es decir debes desarrollar tu don de emprender

Esperanza: Debe siempre tener la esperanza y la espiritualidad para nivelar tu proyecto.

Afición: Debes tratar de que se convierta el emprendimiento en una afición, es decir que sea agradable tu proyecto.

Esencia: Cuando la espiritualidad se convierte en la parte altruista y de transformación en tu vida.

Nivelar: orden es decir lo explicamos en el Modelo Motivación.

Nivelar la ocasión que tiene de emprender y en especial cada ocasión que tienes de mejorar tu negocio o empresa.

Motivación: El tema se desarrolla más plenamente en el Modelo en la segunda parte del libro.

Mevitación: Modelo Motivación, Movimiento, Visualización Transformación en mi amar.

Innovación: Este tema de innovación se desarrolla también en la segunda parte donde la innovación es parte importante del nuevo emprendimiento.

COORDENADAS PARA ABRAZAR EL EMPRENDIMIENTO Y LA ESPIRITUALIDAD

NORTE
Emprendimiento
Espiritualidad y Econoenmía

OESTE
Intuición
Imaginación Creativa
Inteligencias
Intención

ESTE
Nivelar
Estrategias
Emprendimiento

SUR
Mevitación
Movimiento
Motivación
Magnetismo

Existen varios objetivos en cualquier empresa

1. Servicio
2. Realización de su sueño

Se entiende que una empresa comercial y/o industrial, se entiende que funciona en una economía dinámica.

Es importante tener una ideología en tu empresa, es decir un slogan que siempre vas a perseguir para que tu empresa sea un éxito.

Tipos de empresas

1. Empresa manufacturera
2. Empresa de servicios
3. Empresas comerciales

Dos clases de empresarios

1. Persona natural - totalidad del patrimonio.
2. Persona Jurídica – por escritura pública, persona capaz de ejercer derechos y contraer obligaciones y de ser representada judicial y extrajudicialmente.

La energía que te va a dar este modelo en armonía con mevitación es un importante inicio de tu vida para lograr tus metas. Una empresa es más que serlo producir o vender un producto o servicio. Una empresa ha necesitado que un líder ha comenzado la idea. Existe también el espíritu empresarial que no todos las personas la tienen, pero yo creo que encontrando una pasión este Puede ser en un futuro una empresa.

"Una empresa es un conjunto de personas y recursos organizados para el logro de ciertos objetivos"

En especial cuando los objetivos de una empresa se centra en producción y comercialización de bienes y/o servicios generalmente se llaman unidades económicas.

DIFERENTES MODELOS DE NEGOCIOS

1. Fabricante
2. Distribuidor
3. Minorista
4. Propshipping
5. Franquicia
6. Cebo y anzuelo
7. Freemium
8. Suscripción

9. Long tail (cola larga)
10. Multi – Sided – (Múltiples lados)
11. Crowdsourcing (economía colaboraties)
12. Marketing de afiliados
13. Abiertos

Los criterios pueden ser físicos o virtuales.
Presencia en internet
Correo electrónico
Marketing tradicional o digital.

TIPOS DE NEGOCIOS

Fabricante –La empresa las fábricas y se venden en gran cantidad
Distribuidor- Compra sus productos a fabricantes directamente y luego los venden
Minorista – Compran los productos a los distribuidores con un margen de descuento menor. Puntos de venta físicos o virtuales.
Propshipping – es un negocio un line- El emprendedor es un intermediario
Franquicia – el franquiciador concede al franquiciado el derecho a usar su marca y (know how) o procesos a cambio de una remuneración económica, que puede ser inicial y cada mes en un porcentaje de las ventas (royalty) ej. KFC, Starbucks.

Combo y anzuelo

Se atrae al cliente con un producto de costo bajo o gratuito y luego se cobra por servicios cada mes o como acuerdén , por el servicio ejemplo celulares.
Freemium – se ofrece un servicio básico sin costo a la mayoría de los usuarios, se cobra un valor a los usuarios que deseen un servicio superior (Premium) Ej: Dropbox.

Suscripción

Los clientes pagan un valor por un periodo fijo o recurrente para así poder disfrutar de los productos o servicios Ej: gimnasios música online.

Long tail (cola larga)
Se obtiene rentabilidad al vender pocas unidades de muchos productos
Ej: Amazon.

Multi – Sided (Múltiples lados)

Generan ganancia al facilitar la interacción entre dos o más partes Ej: Google Uber Crowdsourcing (economía colaborativa)

Se usan medio digitales y generar valor a las partes involucradas a través de la colaboración de terceros
Ej: Google Ads (Colaboración con bloggers).

Marketing de afiliados

La compañía otorga comisiones a un afiliado cuando se vende un producto o servicio de forma online a través de un enlace promocionado por dicho afiliado.

Se generan ingresos por las transacciones y se ahorra los costos de los vendedores,

Ya que los afiliados realizan el marketing de sus productos sin cobrar sueldo. Eej. Click bank affliate Network
Abiertos

Crean valor a través de colaboradores externos en la empresa

Ej: lego (los clientes diseñan sus propios modelos de productos LEGO)

ALGUNAS SUGERENCIAS DE NEGOCIOS

1. Publicidad
2. Arte
3. Mercados del usado
4. Relaciones públicas
5. Diseñador de escaparates
6. Instructor de manualidades
7. Dropshipping
8. Decoración navideña
9. Alquiler de disfraces
10. Videos de youtube
11. Bisutería
12. Decoración online
13. Cavas de vinos
14. Bicicletas de alquiler
15. Personal Shopper

16. Transporte escolar
17. Venta de motocicletas
18. Alquiler de autos
19. Discotecas sin alcohol
20. Spa 24 horas
21. Dentista a domicilio
22. Jabones artesanales
23. Community manager
24. Productos de aseo
25. Encuestador
26. Traductor de textos
27. Curso sobre plantas y flores
28. Cuidado de mascotas
29. Cenas románticas
30. Reparación de bicicletas
31. Limpieza de piscinas
32. Limpieza de jardines
33. Mantenimiento de acuarios

34. Facebook
35. Linkedin
36. Youtube
37. Blog
38. Pagina web
39. Twitter
40. Gmail (correo)
41. Whatsapp
42. Instagram
43. Facebook
44. Tumble
45. Pay pal

Motivación Magnética y Movimientos
Magnéticos
Abundancia Espiritual y Financiera
Resultados y Realidad Magnética

PRINCIPIOS DE ECONOENMÍA

1. El ser humano con centro del proceso
2. La mevitación®© como iluminación de vida
3. Mi abundancia como facilidad de mejorar el mundo. (MAR)
4. Respeto al medio ambiente
5. Respeto al universo
6. Impacto social
7. Impacto a la naturaleza
8. Ecología económica
9. Modelo motivación
10. Modelo movimiento
11. En busca de la felicidad

12. Integración
13. Intercultura
14. Educación de ciertos sectores específicos
15. Sostenibilidad
16. Impacto en el "Busca más allá de..."
17. Plan de vida
18. Historia
19. Creación
20. Cooperación
21. Energía y magnetismo

DIFERENTES SOCIEDADES

Sociedades de Personas

Colectivas
Sociedades en comandita simples
Sociedades de capital
Sociedades anónimas
Sociedades en comandita por acciones
Sociedades de naturaleza mixta
Sociedad de Responsabilidad limitada

Empresario debe poseer estás características
Capacidad de aprendizaje
Capacidad de trabajo
Capacidad de riesgo

Toma de decisiones
Sentido común
Capacidad para detectar oportunidades
Capacidad de comunicar
Habilidad de motivar

Actitudes
- Persistencia
- Iniciativa
- Autoconfianza
- Optimismo
- Disciplina
- Motivación peligro
- Toma de riesgos razonados.

Valores – ética – responsabilidad
Honestidad – respeto – lealtad

UN PROYECTO DE VIDA

Las ganas de iniciar una empresa.
Proyecto de vida
Lograr la auto realización mediante crecimiento, y desarrollo personal para cumplir el proyecto.
Se buscaría la auto realización formando su empresa.

UN EMPRESARIO DEBE TENER CAPACIDAD DE:

1. Capacidad de aprendizaje
2. Capacidad de trabajo
3. Capacidad de riesgo
4. Toma de decisiones
5. Sentido común

6. Capacidad para detectar oportunidades
7. Capacidad de comunicar
8. Habilidad de motivar

Las actitudes que debe tener un empresario

1. Persistencia
2. Iniciativa
3. Autoconfianza
4. Optimismo
5. Disciplina
6. Toma de riesgos razonados

SECTORES DE LA ECONOMÍA

Sector primario
- Agricultura
- Ganadería
- Minería

Sector administrativo
- Administración
- Mercadeo
- Relaciones industriales

Sector industrial
- Textil y confecciones
- Construcción
- Metal mecánico
- Químico

Sector social
- Servicios de salud y educación
- Publicidad
- Información
- Transporte
- Recreación y ocio

GLOSARIO IMPORTANTE PARA ENTENDER EL EMPRENDIMIENTO

Valores:
Los valores son aquellos principios, virtudes o cualidades que caracterizan a una persona, una acción o un objeto que se consideran típicamente positivos o de gran importancia por un grupo social.

Los valores son aquellas cualidades que se destacan en cada individuo y que, a su vez, le impulsan a actuar de una u otra manera porque forman parte de sus creencias, determinan sus conductas y expresan sus intereses y sentimientos.

En este sentido, los valores definen los pensamientos de las personas y la manera en Cómo desean vivir y compartir sus experiencias con quienes les rodean.

Macro Empresa:

La macro empresa es la empresa totalmente establecida, con capacidades transaccionales internacionales, considerables para la economía.

La macro empresa se refiere a las empresas enormes, que manejan capitales muy grandes a eso se refiere con macro empresa.

La macro empresa es la que se encarga del estudio global de la economía,

Mediante el análisis de las variables económicas agregadas como el monto total de bienes y servicios producidos, el total de los ingresos,

El nivel de empleo, de recursos producto, la balanza de pagos, el tipo de cambio y comportamiento general de los precios.

Oportunidades
La oportunidad engloba la conjugación de la posibilidad que se presenta o existe que una persona realice una acción para conseguir o alcanzar algún tipo de mejora, es por esto que decimos que es una conspiración entre tiempo y acción para lograr un beneficio gracias al aprovechamiento de ciertas circunstancias en un momento específico.

De esta forma, se habla de que existen personas que saben aprovechar las oportunidades para referirse a aquellos que logran sacar provecho de esas circunstancias que se les presentan en un tiempo determinado.

Por ejemplo cuando una persona que se va a vivir fuera de su país y necesita vender el automóvil con urgencia y otra persona interesada en comprar

Un vehículo se le presenta esa oportunidad de comprar un buen vehículo a un precio inmejorable debido a la urgencia del vendedor, si lo compra podemos decir que aprovechó la oportunidad.

También son llamados emprendedores a aquellos que ven una oportunidad de negocio.

Tecnología

Se refiere a la disciplina científica enfocada en el estudio, la investigación, el desarrollo y la innovación de las técnicas y Procedimientos, aparatos y herramientas que son empleados para la transformación de Materias primas en objetos o bienes de utilidad práctica.

En el sentido industrial, tecnología engloba el conjunto de procedimientos o instrumentos que intervienen en la fabricación de determinado producto, por ejemplo, "la tecnología de la leche".

En el ámbito ambiental, la tecnología se emplea para conservar el ambiente natural y hacer uso de sus recursos.

Asertividad

La asertividad es una habilidad social que permite a la persona comunicar su punto de vista desde un equilibrio entre un estilo agresivo y un estilo pasivo de comunicación.

Como tal, la asertividad es una cualidad o comportamiento que poseen ciertos individuos de comunicar y defender sus propios derechos e ideas, respetando a los demás.

Contexto
Es ese conjunto de circunstancias o situación durante un proceso de comunicación donde se encuentran el

emisor y el receptor y donde se produce el mensaje.

Esas circunstancias permiten, en ocasiones, entenderlo correctamente, es lo que se llama contexto extra lingüístico, que puede ser de varios tipos, por ejemplo, contexto cultural, social, educativo, histórico, económico, psicológico, etc.

Crear

Crear es una de las acciones propias y más características que desplegamos los seres humanos en cualquier momento de nuestras vidas,

No importando la edad que se tenga, porque para crear algo no es necesario ser adulto o joven, sino contar con una cuota de imaginación y sensibilidad que serán las compañeras y las aliadas más entrañables y preciadas a la hora del proceso creativo.

Cultura

Cultura es todo complejo que incluye el conocimiento, el arte, las creencias, la ley, la moral, las costumbres y

Todos los hábitos y habilidades Adquiridos por el hombre no sólo en la familia, sino también al ser parte de una sociedad como miembro que es.

Claridad

Es un adjetivo que significa nitidez. Por ejemplo, una persona se comunica claramente cuando expresa de un modo asertivo, sin dar rodeos, cuál es su mensaje.

La claridad en el contexto de la comunicación interpersonal muestra ausencia de confusión en la comunicación del mensaje y en el entendimiento que el receptor tiene por parte de este.

La claridad también puede estar vinculada con el conocimiento de uno mismo.

En concreto, una persona puede poner en claro cuáles son sus sentimientos y sus ideas tras atravesar un periodo de confusión.

Concretar

Significa acotar, es decir, expresar las ideas principales, simplificar el discurso para resaltar lo importante.

Capital

Es el valor dado a los elementos que conforman una empresa, institución o grupo social, es decir, personas, recursos económicos,
Materiales y maquinaria, para hacer más eficientes y fomentar las actividades que generan bienes y servicios.

Contratos

Nombra al convenio o pacto, ya sea oral o escrito, entre partes que aceptan ciertas obligaciones y derechos sobre una materia determinada.

El documento que refleja las condiciones de este acuerdo también recibe el nombre de contrato.

Compañía
Puede referirse a aquellas sociedades o reuniones de varias personas, que además de elemento humano cuentan con otros técnicos y materiales y cuyo principal objetivo radica en la obtención de utilidades o la prestación de algún servicio a la comunidad, es decir, en este caso, la palabra compañía actúa como un sinónimo del concepto de empresa.

Conflicto
Un conflicto es una situación que implica un problema, una dificultad y puede suscitar posteriores enfrentamientos, generalmente, entre dos partes o pueden ser más también,

cuyos intereses, valores y pensamientos observan posiciones absolutamente disímiles y contrapuestas.

Conocimiento
El conocimiento es un conjunto de información almacenada mediante la experiencia o el aprendizaje (a posteriori), o a través de la introspección (a priori).
En el sentido más amplio del término, se trata de la posesión de múltiples datos interrelacionados que, al ser tomados por sí solos, poseen un menor valor cualitativo.

Control
La palabra control proviene del término francés controle y significa comprobación, inspección, fiscalización o intervención.

También puede hacer referencia al dominio, mando y preponderancia, o a la regulación sobre un sistema.

Creatividad

La creatividad es la capacidad de generar nuevas ideas o conceptos, de nuevas Asociaciones entre ideas y conceptos conocidos, que habitualmente producen soluciones originales.

La creatividad es sinónimo del "pensamiento original", la "imaginación constructiva",

El "pensamiento divergente" o el "pensamiento creativo".

La creatividad es una habilidad típica de la cognición humana, presente también hasta cierto punto en algunos primates superiores, y ausente en la computación algorítmica, por ejemplo.

La creatividad, como ocurre con otras capacidades del cerebro como son la inteligencia, y la memoria,

Engloba varios procesos mentales entrelazados que no han sido completamente descifrados por la fisiología.

Se mencionan en singular, por dar una mayor sencillez a la explicación.

Así, por ejemplo, la memoria es un proceso complejo que engloba a la memoria a corto plazo, la memoria a largo plazo y la memoria sensorial.

Ideas

Una idea es una representación mental que surge a partir del razonamiento o de la imaginación de una persona.
Está considerada como el acto más básico del entendimiento, al contemplar la mera acción de conocer algo.

Ingresos
En el ámbito de la economía, el concepto de ingresos es sin duda uno de los elementos más esenciales y relevantes con los que se puede trabajar.

Los ingresos a todas las ganancias que ingresan al conjunto total del presupuesto de una entidad, ya sea pública o privada, individual o grupal.
En términos más generales, los ingresos son los elementos
Tanto monetarios como no monetarios que se acumulan y que generan como consecuencia un círculo de consumo-ganancia.

Continuidad
Es un término que se refiere al vínculo que mantienen aquellas cosas que están, de alguna forma, en continuo.

Hace un tiempo, el concepto también se empleaba como sinónimo de continuación, aunque hoy este uso es algo arcaico.

Confianza

La confianza es la seguridad o esperanza firme que alguien tiene de otro individuo o de algo.

También se trata de la presunción de uno mismo y del ánimo o vigor para obrar.

Selección
El término selección se utiliza para hacer referencia al acto de elegir, seleccionar una cosa, objeto o individuo entre un conjunto de elementos o individuos similares.

La selección puede darse en diferentes ámbitos de la vida y normalmente el término es utilizado en los ámbitos científico-biológicos

Para hacer referencia al proceso de selección natural que Supone que algunas especies son seleccionadas naturalmente para sobrevivir en el medio específico en el que surgen.

Logros
Un logro es la obtención o consecución de aquello que se ha venido intentando desde

Hace un tiempo y a lo cual también se le destinaron esfuerzos tanto psíquicos como físicos para finalmente conseguirlo y hacerlo una realidad.

Desarrollo
Es visto como sinónimo de evolución y se refiere al proceso de cambio y crecimiento relacionado con una situación, individuo u objeto determinado.

Al hablar de desarrollo podemos referirnos a diferentes aspectos: al desarrollo humano, desarrollo económico, o desarrollo sostenible. Por lo que se analizará cada uno de ellos a fin de poder entender de qué tratan.

Plan de negocios

Es un documento que describe, de manera general, un negocio y el conjunto de estrategias que se implementarán para su éxito.
En este sentido, el plan de negocios presenta un análisis del mercado y establece el plan de acción que seguirá para alcanzar el conjunto de objetivos que se ha propuesto.

Desafío

Todas las personas nos marcamos objetivos en la vida. Son proyectos a corto, medio y a largo plazo.

Hay objetivos difíciles y conseguirlos requiere un gran esfuerzo por nuestra parte.

Decimos que tenemos un desafío ante nosotros cuando pretendemos lograr el éxito en un tema determinado.

Un desafío personal es un reto que nos imponemos a nosotros mismos. Es una manera de auto estimularnos. El desafío no se aplica a la obtención de un logro sin importancia.

Se refiere a un objetivo que conlleva esfuerzo, lucha y tenacidad.

Consideramos que vale la pena renunciar a muchas cosas y trabajar duramente porque el premio que vamos a obtener es elevado, algo muy gratificante.

En este sentido el desafío es un anhelo intenso de victoria.

En el momento del triunfo, se tiene la sensación de que el desafío inicial ha sido conquistado.

Distribución
Se define como la acción y el efecto de distribuir, es decir, de repartir, de dividir, y adquiere connotaciones específicas según el contexto en el cual se lo emplea.
Básicamente se opone a la idea de concentrar, de acaparar.

Promoción

La Promoción es una utilidad que las empresas emplean para dar a conocer sus productos, a manera de información cuando un agente de comunicación promociona algo, es con el fin que a la persona que se le está promocionando reciba una gratificación por parte de este y tenga la voluntad de adquirirlo por el precio que se le oferta.

Utilidad
Utilidad es un término definido como la característica por la cual un objeto o acción obtiene la condición de valor útil, con el fin de lograr la satisfacción de las necesidades de las personas.

En el sector de la economía, la utilidad representa la capacidad que tiene un producto o servicio,

De generar satisfacción a la necesidad de un individuo, de forma individual o colectiva, de esta manera se pueden determinar
Diferentes escalas de utilidad, que permitirán conocer el grado de satisfacción que le proporciona determinado producto a los consumidores, estas escalas son:

Utilidad total, viene a ser la suma de las utilidades que consigue un consumidor al beneficiarse de cierta cantidad de artículos.

Presupuesto

El concepto de presupuesto tiene varios usos, por lo general vinculados al área de las finanzas y la economía.
El presupuesto es, en este sentido, la cantidad de dinero que se estima que

será necesaria para hacer frente a ciertos gastos.

Innovar

Es un cambio que introduce novedades.
Y se refiere a modificar elementos ya existentes con el fin de mejorarlos o renovarlos, esta palabra proviene del latín.
"innovatio" que significa "Crear algo nuevo" está comprendida por el prefijo "in-" que significa "Estar en" y "Novus" que significa "Nuevo" Además,

En el uso coloquial y general, el concepto se utiliza de manera específica en el sentido de nuevas Propuestas, inventos y su implementación económica.

En el sentido estricto, en cambio, se dice que de las ideas solo pueden resultar innovaciones luego de que ellas se implementan como nuevos productos, servicios o procedimientos,

Que realmente encuentran una aplicación exitosa, imponiéndose en el mercado a través de la difusión.

Globalización

La globalización es un proceso económico, tecnológico, político, social, empresarial y cultural a escala mundial que consiste en la creciente comunicación e interdependencia entre los distintos países del mundo uniendo sus mercados, sociedades y culturas, a través de una serie de transformaciones sociales, económicas y políticas que les dan un carácter global. La globalización es a menudo identificada como un proceso dinámico producido principalmente por la sociedad, y que han abierto sus puertas a la revolución informática, llegando a un nivel considerable de liberalización y democratización en su cultura política, en su ordenamiento jurídico y económico nacional, y en sus relaciones nacionales e internacionales.

Servicio al cliente

Servicio al cliente es la gestión que realiza cada persona que trabaja en una empresa así sea macro o micro y que tiene la oportunidad de estar en contacto con los clientes y buscar en ellos su total satisfacción.

Proactividad

La proactividad se refiere a la actitud que asumen ciertas personas para atender a situaciones o tareas que precisan de ser controladas, una gestión responsable y de una alta capacidad de respuesta.

En el campo laboral y organizacional, el término de proactividad es muy empleado y valorado, especialmente

Porque se trata de la actitud que se Busca y espera por parte de los trabajadores, que sean activos, tengan una alta capacidad de respuesta, Iniciativa y disposición ante cualquier circunstancia.

La proactividad, entonces, se refiere a la actitud que asumen las personas para superar diversas circunstancias, no solo laborales sino también de la vida personal de cada quien, ya que la finalidad es estar siempre mejor.

Sinergía

Sinergia significa cooperación, y es un término de origen griego, "synergía", que significa "trabajando en conjunto".

La sinergia es un trabajo o un esfuerzo para realizar una determinada tarea muy compleja, y conseguir alcanzar el éxito al final.

La sinergia es el momento en el que el todo es mayor que la suma de las partes, por tanto, existe un rendimiento mayor o una mayor efectividad que si se actúa por separado.

Nivel de ventas

En economía, es una magnitud contable que agrega todos los ingresos que una empresa o unidad contable ha tenido, con motivo de su actividad ordinaria, en un periodo de tiempo determinado.

El Nivel de ventas es una de las partidas que componen el resultado operativo.

Por otra parte, el volumen de ventas es una magnitud de gran importancia a la hora de evaluar el tamaño y la solvencia de una empresa.

Para evaluar la solvencia suele tenerse en cuenta otras cifras como el resultado operativo, el capital social.

Para evaluar el tamaño de la empresa también se tienen en cuenta otras cifras no puramente económicas, como el número de empleados.

Negociación
Una negociación es un esfuerzo de interacción orientado a generar beneficios.

Esta definición comprende los elementos esenciales de la negociación:

• Se trata de un esfuerzo de interacción.
• Tiene por objetivo generar beneficios.

Educar

Actividad que consiste en transmitir determinados conocimientos y padrones de comportamiento con el fin de garantizar la continuidad de la cultura de la sociedad.

La palabra educar es de origen latín ducere que significa "guiar o conducir" en el conocimiento.

Educar consiste en enseñar a temprana edad valores, conocimientos, costumbres y formas de actuar, que permiten a un individuo vivir en sociedad.

También, educar consiste en estimular, desenvolver y orientar aptitudes del individuo, de acuerdo con las ideas de una sociedad determinada.

Economía

La economía puede enmarcarse dentro del grupo de ciencias sociales ya que se dedica al estudio de los procedimientos productivos y de intercambio, y al análisis del consumo de bienes (productos) y servicios.

Empresa

Empresa es una unidad económico-social, integrada por elementos humanos, materiales y técnicos, que tiene el objetivo de obtener utilidades a través de su participación en el mercado de bienes y servicios.

Para esto, hace uso de los factores productivos (trabajo, tierra y capital).

Empatía

El concepto de empatía es uno de los más complejos ya que su definición no es fácil.
La empatía es la capacidad que un individuo o hasta un animal puede tener de sentir aquello que otro tiene y, por tanto, compartir su sufrimiento.

La empatía no es equiparable a otros sentimientos ya que es muy peculiar.
Sin embargo, puede ser relacionada con otros sentimientos tales como el amor, la compasión, el compañerismo y la entrega por el otro.

Equipo

Un equipo es un grupo de personas que se unen en función de la consecución de un objetivo en común.
Un ejemplo gráfico y concreto de un equipo son Los, valga la redundancia, equipos de fútbol, quienes tienen como finalidad de su unión el logro de alguno de los campeonatos que disputan.
Los futbolistas de una misma organización deportiva trabajarán en equipo y formarán un equipo de trabajo para alcanzar su meta.

Emoción

Las emociones son reacciones psicofisiológicas que representan modos de adaptación a ciertos estímulos del individuo cuando percibe un objeto, persona, lugar, suceso o recuerdo importante.

Psicológicamente, las emociones alteran la atención, hacen subir de rango ciertas conductas guía de respuestas del individuo y activan redes asociativas relevantes en la memoria.

Esfuerzo
Esfuerzo se emplea con referencia al uso intenso de la fuerza, el vigor o la mente para alcanzar un objetivo o superar determinados obstáculos.
Por lo general, esforzarse resulta imprescindible para conseguir éxito.

Necesidades

Es aquello que resulta indispensable para vivir en un estado de salud plena.

Las necesidades se diferencian de los deseos en que el hecho de no satisfacerlas produce resultados negativos evidentes, como puede ser una disfunción o incluso el fallecimiento del individuo.

Pueden ser de carácter fisiológico, como respirar, hidratarse o nutrirse (objetivas); o de carácter psicológico, como la autoestima, el amor o la aceptación (subjetivas).

En función de su disponibilidad, se puede distinguir entre necesidades libres y necesidades económicas.

Las necesidades libres son aquellas que se cubren sin esfuerzo dada su gran abundancia (la luz solar, el aire, etc.), mientras que las necesidades económicas se satisfacen a partir de una serie de esfuerzos (sembrar, cosechar, construir, etc.).

En economía, las necesidades se consideran infinitas e insaciables y abarcan todo aquello que hace falta para vivir en condiciones óptimas.

Alternativas

Es aquella disponibilidad de poder elegir entre dos o más cosas, lo que significa que al aludir a la palabra alternativa se hace referencia es a cada una de las cosas que se tienen como opciones y entre las cuales se puede elegir o seleccionar.

Por consiguiente al mencionar o expresar que en una situación existen alternativas,

Se está refiriéndose a que de algún modo existe una conexión entre las eventualidades disponibles.

Repetir

Repetir la empleamos generalmente cuando queremos expresar que hemos vuelto a hacer o a mencionar algo que ya se ha dicho o se ha hecho, según corresponda.

MOTIVACIÓN EN MÍ

En este libro vas a motivarte y creer en tu potencial, en tu empresa siguiendo el modelo movimiento y motivación.

La inspiración es muy importante para que tu empresa cumplan la meta deseada vas a detectar con la indagación idónea, lo que te hace mover para mejorar tu empresa.
El pensamiento positivo en mejorar tu empresa serán un avance optimista todos los días.
La imaginación como parte importante del modelo, te hará avanzar un paso gigante en la consecución de tus metas.
La responsabilidad (EN MI) que tienes para la motivación y por ende que tus metas se hagan realidad dependen de tu como "empresario",
Si eres el empresario más motivado el mundo, repite por favor 5 veces "soy el empresario más motivado el mundo"
La responsabilidad que debes implementar en iniciar amar del modelo movimiento te dará la fuerza

para saber que tú eres el responsable de tu vida y así de la motivación que le vas a dar a la empresa.

La motivación de imaginarse muchas ventas tendrá sus resultados positivos, la motivación que deben desarrollar para aumentar nuestra empresa.

El buen manejo de la empresa debe ser como un hábito natural de nuestra vida.
La actitud positiva nos hace ver cualquier inconveniente de una forma más agradable.

MOTIVACIÓN 1

En el mundo de las empresas donde estoy trabajando es muy importante para la planeación y motivación que tengo para realizarme como empresario

Marketing es una herramienta que todo empresario debe conocer.

Todas las empresas de una u otra forma utilizan técnicas de marketing, incluso, sin saberlo.

Marketing no es otra cosa que la realización de intercambios entre un mínimo de 2 partes de forma que se produzca un beneficio mutuo.

La mayoría de las personas cree que el marketing (o mercado, mercadotecnia, que vendría a ser su traducción literal al castellano) consiste en hacer publicidad (muchas veces de forma "poco ética")

Para vender indiscriminadamente un Producto a todo aquel usuario que se exponga a un anuncio o a una campaña de promoción.

La mayoría de los profesionales del marketing y de los consultores de empresa deben aclarar de antemano que el marketing incluye la publicidad como uno de sus elementos integrantes, pero es mucho más.

La mayoría de las empresas modernas tiene un departamento clasificado como tal que se ocupa de las funciones específicas que se asocian con esta actividad.

El marketing se encuadra desde el punto de vista de sus resultados finales, que no son otros que satisfacer las necesidades y demandas de los consumidores y por consiguiente, vender.

De la misma forma que no es fácil una definición de "marketing", tampoco es fácil una tipología de esta disciplina con arreglo a un criterio determinado. Un buen análisis de marketing debería tener en cuenta los objetivos, las estrategias desarrolladas para la consecución de dichos objetivos, y el entorno, tanto interno como externo, de la empresa que se estudia.

Es el conjunto de actividades que mediante varios medios (correo, televisión, publicidad directa), se ofrecen productos o servicios a segmentos del mercado previamente definidos, para que se obtenga al consumidor potencial una respuesta directa.

LAS 4 P DEL MARKETING

Producto: son los bienes y servicios que se ofrecen a los consumidores con la finalidad de satisfacer sus necesidades.

¿Qué quiere el cliente de nuestro producto o servicio?

¿Qué necesita que el producto satisfaga?

¿Qué característica tiene que tener para satisfacer sus necesidades?

Precio:

El valor monetario de un producto de acuerdo a su demanda, calidad, distribución, descuentos, garantías rebajas del producto para los consumidores potenciales.

¿Qué valor tiene el producto o servicio para el cliente? ¿Hay precios estándar ya establecidos?

Plaza:

Es la ruta y ubicación que un producto toma según avanza por el mercado, el canal o ruta incluye al productor y consumidor, lugares, transporte, almacenamiento, despachos.

¿Dónde buscaron tus clientes el producto o servicio? ¿Qué tipo de tienda o comercio? ¿Cómo acceder a los correctos canales de distribución?

Promoción

Es el conjunto de técnicas que desarrollan las empresas para dar a conocer sus productos o servicios a los consumidores para que estos se vean impulsados a comprarlos.

Por medio de publicidad, ventas, personales, promociones, exhibición, ventas electrónicas.

¿Dónde y cuándo comunicar los mensajes dirigidos al cliente objetivo?

¿Cuál es el mejor momento para hacerle promoción? ¿Cómo promociona la competencia?

MOTIVACIÓN EMPRESARIAL

Muchas personas desarrollan más la motivación empresarial que otras, como hemos repetido muchas veces en este libro la motivación y en especial la empresarial debe estar al máximo.

Si nosotros tenemos esa motivación optima seguramente nuestra empresa de bien o servicios va a crecer de forma positiva.

Mi líder Coach

Todos los líderes tienen esa capacidad innata de enseñar.

Es decir nosotros si somos líderes de nuestra empresa podemos guiar a todos los empleados de la empresa ya sea de bienes o servicios.

El método que seguimos para motivarnos y movernos lo podemos aplicar para que nuestra empresa crezca en especial con el activo más importante que es el humano.

Máxima potencia

La máxima potencia que demos a todas las actividades que desarrollamos para crecer la empresa nos va a retribuir con el crecimiento y la posibilidad de que nuestra empresa de bien o servicio sea cada vez más productiva y se sienta que se mueve hacia adelante.

Debemos enfocarnos según el tipo de empresa.

Microempresa.

Nuestro libro está enfocado más a una microempresa aunque en una macroempresa lo que cambia es el número de empleados, en cuanto a todo lo referente a bienes y servicios.

MOTIVACIÓN 2

Es importante este tema en especial en el mundo de las ventas.

Se debe tener en cuenta por mi empresa de bien y servicio.

Es importante en este mundo de las empresas que muchas veces mi motivación puede decaer solo por el

Hecho de no saber contestar una objeción a un cliente por eso mi objetivo de motivación mutua ósea Entre el cliente y yo debe ser siempre al 100 %.

Superar las objeciones
Superar una objeción elimina una barrera para comprar.

Lo que su cliente potencial realmente está diciendo es: "yo le compraría, pero". Las siguientes son las maneras como puede superar las objeciones:

. Para contestar la objeción para asegurarse que ha escuchado adecuadamente. Utilice una pregunta cerrada para comprobar que captó el tema y comprendió bien.

La mejor manera de lograrlo es hacer que sus frases comiencen con "de manera que lo que usted quiere saber es...".

. Suministrar información que apacigüe el asunto, y cuando sea posible ilustrar su punto con algún beneficio adicional.

. Utilice una pregunta cerrada para comprobar si su cliente potencial ahora está cómodo y preparado para efectuar una orden.

Muchas veces las objeciones sirven para vender más rápido nuestro producto o servicio, Para que no tenga muchos problemas en las objeciones.

1. Afróntela
2. Conozca bien su producto o servicio
3. Escuche bien
4. Mantenga la calma
5. La energía le debe dar seguridad
6. Trate de reducir sus objeciones al mínimo

Debe estar preparados para todas las objeciones y manejarlas con la inteligencia, la motivación nos ayudará a poder enfrentarlas.

Objeciones
1. Respetar el punto de vista del otro
2. Comprender bien el asunto

3. Confirmar con una pregunta cerrada

4. Utilizar herramientas de ilustración
5. Pensar antes de contestar
6. Llevar testimonios
7. Aceptar que puede equivocarse

MOTIVACIÓN 3

Territorio

El territorio fija todo lo que tengo que realizar para mi meta de emprender, es decir debo estudiar el territorio y segmentarlo cuando este organizando mi planeación estratégica con el modelo movimiento.

Transmitir

Es importante transmitir ya sea a mis empleados, al cliente o proveedor en especial transmitir bien mi mensaje.

Es importante el mensaje que transmitimos nuestra empresa y su productos para que entienda nuestro producto o servicio.
Muchas veces es más importante la transmisión de la emocionalidad que el mensaje estamos dando.

Por esto debemos transmitir energía positiva y optimismo cuando realicemos nuestras demostraciones de ventas.

Telemercadeo

Es una herramienta en especial si hemos decidido realizar un marketing de varias dimensiones.

En estos tiempos modernos debemos estar actualizados con la tecnología.

Esto implica la publicidad por internet y todas las redes sociales que nos puedan empujar nuestro negocio.

Existen varias: Facebook- Twitter – Instagram – Linkedin- Pinterest – Flipbpard – Tumblr.

Territorio

Debemos como empresa conocer nuestro territorio.

Debemos enfocarnos en la segmentación específica de acuerdo a nuestro bien y servicio.

Toma de decisiones

Una persona que piensa abrir una empresa pequeña,

Mediana debe siempre estar tomando decisiones en todas las áreas ya sea mercadeo,

Recursos humanos, finanzas es decir la persona debe enfrentar y estar motivado a realizar la mejor decisión.

Talentos.
Debemos localizar los talentos que tienen la personas en la empresa todos venimos a este mundo con algún talento y debemos desarrollarlo.

Trabajo

Debemos tener nuestra energía siempre alta para que nuestro trabajo sea óptimo.
El trabajo nos hace mejores personas, y es así como nuestra empresa crece día a día.

MOTIVACIÓN 4

La iniciativa es muy importante en el mundo de las empresas porque si tenemos motivación la iniciativa de cada ser viene por añadidura, la iniciativa se refleja en el inicio de nuestra empresa y la información que tenemos de nuestro producto, de nuestro cliente, nuestro territorio, nuestro mercado etc.

Entre mayor información tengamos de nuestro producto y de nuestros clientes cualquier iniciativa que debamos realizar para la consecución de la venta fluirá instantáneamente.

Información sobre la competencia debes conocerla muy bien. Ofrecer siempre la información correcta.

Infórmate de todo lo referente a la empresa.

Inversión.

Cuando empezamos un negocio debemos realizar un préstamo y si tenemos ahorros personales debemos utilizarlos para nuestra inversión en materia de emprendimiento.

MOTIVACIÓN 5

Ser empresario es nuestra meta que la lograremos con el modelo movimiento y motivación ya que estos dos modelos nos tendrán motivados para alcanzar todas las metas propuestas en la empresa de nuestro producto o servicio.
Obtener órdenes
Plazos cortos
Ganancias del vendedor
Buena comunicación

ETAPAS

El ciclo de la vida de un artículo se divide en cuatro etapas. Cada fase corresponde con una tendencia de las ventas de dicho producto

Etapa de introducción
Etapa de crecimiento
Etapa de madurez
Etapa de declinación
Etapa de introducción
Marca el inicio de la vida del producto o servicio.

Durante esta etapa, los beneficios que aporta el producto a la compañía son mínimos, las ventas son muy bajas y aun no alcanzan para cubrir sus costos de producción y comercialización.

El producto, todavía no es conocido, la empresa debe invertir mucho en promoción y publicidad.

En esta etapa, la empresa debe calibrar muy bien el grado de implantación que pretende conseguir e invertir lo Necesario para los beneficios que desea obtener con el nuevo producto o servicio.

El costo de producir la unidad es alto, con lo que los precios de introducción también suelen ser altos.

Muchas veces el rendimiento del producto es negativo y se debe insistir invirtiendo dinero para conseguir los clientes.

Etapa de crecimiento

Cuando el producto empieza a ser aceptado en el mercado, las empresas empiezan a crecer y los beneficios se vislumbran, todavía en forma lenta.

Los costos de fabricación se reducen (Por una mayor experiencia en la producción, o por una producción de mayor volumen) y los ingresos crecen superan gastos, los cuales tienden a estabilizarse.

Sin embargo, muchas empresas optan por mantener aún un precio alto.

La promoción y la publicidad siguen siendo fundamentales para dar a conocer la imagen de marca en el mercado y alcanzar la necesidad del producto entre los usuarios.
Etapa de madurez.

Llega un momento en que el producto ya tiene un mercado y las empresas alcanzan su nivel más alto.

La demanda del producto, entre clientes fijos y ocasionales, se normaliza y los costes, han seguido reduciéndose.

En principio, y si todo se ha desarrollado con normalidad, los recursos son altos y la empresa Empieza a recoger sus utilidades, sin necesidad de reinvertir.

Etapa de declinación

Ante la saturación del mercado, algunos competidores se van y aparecen productos sustitutivos.

Los beneficios pueden convertirse en pérdidas y las empresas empiezan su descenso, se deben medidas para esto.

Lo que hemos visto hasta ahora es la teoría de las etapas del producto, la vida de un producto o servicio, la realidad puede ser diferente.

Y más aún en tiempos modernos.

VALOR - VALORES

Los valores que tenemos como persona son importantísimos para que nuestra empresa sea un éxito en nuestro modelo profundizaremos un poco más
Este tema con preguntas para conocer y afianzar nuestros valores.

Pero nos enfocaremos más en la valoración a todo lo relacionado con nuestra empresa.

Ese valor agregado que debemos tener en todos nuestros actos y en todas las áreas de nuestro negocio.

El valor del aprendizaje para un empresario es muy importante ya que lleva su carrera a otro nivel.

Cuando aprendes inconscientemente empiezas a practicar todos los valiosos conocimientos que vas adquiriendo y así tus movimientos serán de inspiración y por supuesto De motivación para lograr ser el empresario más motivado del mundo.

En este tema debemos resaltar que el valor emocional para una compra es inclusive más importante que la necesidad que tiene sobre el producto o Servicio, Según estudios del tema emocional. (Inteligencia).

El valor agregado es tangible e intangible
Tangibles
Muestras gratis
Publicidad
Revistas
Intangibles- Rueda de negocios, cursos de desarrollo personal, invitaciones a eventos.
Más adelante tendremos un ejercicio de Valores.

Motivación 6

Es un comportamiento comunicacional en el cual la persona no agrede ni se somete a la voluntad de otras personas, sino que manifiesta sus convicciones y defiende sus derechos, es decir saber cuándo se comunica con las personas, sin comunicación de rabia ansiedad.
Es un término nuevo que es importantísimo en el proceso de la empresa.

Muchos autores consideran que asertividad es sinónimo de habilidades sociales y otros autores consideran que la asertividad es solo una parte de las habilidades sociales.
Yo estoy de acuerdo con el segundo grupo ya que las habilidades sociales abarcan muchos otros aspectos.

Dar siempre la razón no significa ser asertivo ya que podemos y debemos expresar nuestras opiniones sean correctas o no, en el caso de las ventas el ser asertivo es cuando expresamos nuestros puntos de vista respetando a nuestros clientes.

Administrar el tiempo
Es muy importante organizarnos el tiempo se puede organizar es decir planear el tiempo del día y Podemos también planear el año.

Apoyo
El apoyo del personal de la empresa es vital para que nuestra empresa o negocio crezca cada día.

Es importante el dialogo con empleados y personas que estén laborando en la empresa.

Áreas de la empresa

Existen cantidad de áreas tal vez en estas áreas nos debemos enfocar para el óptimo crecimiento – Mercadeo – recursos humanos- ventas – finanzas y capacitación de personal.

Motivación 7

Es un secreto de mis experiencias en empresas. He vendido desde perfumes, joyas, muebles, Servicios Inmobiliarios, seguros, publicidad, Entretenimiento en deportes, Aluminio y todo lo relacionado.

En fin tantos productos y servicios, que si sigues esta técnica de las 9C, tendrás una empresa seguramente exitosa.

Cliente

El cliente es importantísimo para toda empresa y en él se enfoca todo nuestro éxito para una empresa satisfactoria, siempre tendremos el contacto directo con nuestro cliente cuando estamos realizando una venta o prestando un servicio.

Para que nuestro negocio crezca en todas sus áreas debemos enfocarnos mucho En el departamento de ventas y la relación con el cliente.

Acercarse bien al cliente con un conocimiento amplio de lo que realmente él quiere para poder ofrecer un producto o servicio óptimo a nuestro cliente.

Debemos tener una lista de clientes es decir un archivo donde vamos organizando los clientes de acuerdo a su territorio.
Es muy importante cuando seguimos el modelo movimiento en el movimiento notas escribir todo lo relacionado con nuestro posible cliente y también nuestro cliente ya obtenido.

Es vital seguir nuestra relación con el cliente incluso después de la venta o de haber prestado un servicio.

Al cliente hay que escucharlo, observarlo, servirle y entenderlo.

El cliente es la razón de ser de un negocio o servicio enfocado a la empresa.

Clientes y sus tipos

El que no se decide: es el cliente que sólo escucha y tiene un rostro impenetrable.
Hay que preguntarle para hacerlo hablar.

El que habla: Establezca el dialogo y aprenda a escuchar, sin interrumpir.

El que pregunta: cuando el cliente pregunta, aguarda una respuesta. Además, si pregunta es que está interesado en comprar.

El que discute. Si el cliente le gusta discutir es que espera le den razón consistente y no de compromiso.

Insinué algo con habilidad y trate de que la idea parezca de su cliente, pero no discuta.

El tímido: Es el que no se atreve a decidir. Requiere gentileza y no agresividad; Comprensión y confianza, porque le da miedo equivocarse.

El que se expande: Lleva la iniciativa de la conversación y volver a la venta, porque puede resultar la entrevista muy larga y no sólo podemos Perder esa venta, sino otras que aguardan, debido al tiempo requiere mesura.

El que no se concentra: Tenga presente que es de la atención requerida.

Pregúntele si le preocupa algo con respecto a la mercancía. Vuelva al tema del producto para que sea participe de la presentación.

El que no confía: Duda del producto, desconfía de sus palabras, pero si conoces el producto podrá vencer tosas sus objeciones.

El variable: No sabe lo que quiere: cambia mucho y necesita ayuda aprobación.

El malhumorado: Puede serlo o dar la impresión. Sea atento, servicial y no demuestre Controversia. Sonrisa cordial y un buen carácter.

Por favor mucho tacto.

El comunicativo: Sociable, su conversación es muy dominante y la venta no se concreta.

Puede ser extrovertido, agradable, e ingenioso, pero por favor retome su presentación.

Vuelva a la empresa.

El silencioso: Es muy callado.
Mediante preguntas puede extraerle palabras y verifique que su presentación es atendida.

El que busca rebajas: busca descuentos y toda clase de reducciones.
Cuando está planteado el precio final y el vendedor da precios de promoción ya en este punto no es creíble esa promoción.

Comunicación

La comunicación es un proceso en el que intervienen 2 o más personas (Emisores del mensaje y receptores del mismo) y el medio por el cual se transmite la idea.

La sintonía se presenta cuando usamos un lenguaje común entre ambos.

Cuando el lenguaje es común entre el vendedor y el cliente todo lo referente a la venta es más eficiente y fluido.

Recordemos que hacen parte de la comunicación:
Los gestos
El cuerpo y su posición
Los contactos
Los gestos
Miradas
Expresiones
El cliente puede ser
Visual

Son los clientes que quieren mirar el precio, ver el producto, Un informe que pueda mirar, ver los Resultados, mirar estadísticas y ver gráficas.
Sus expresiones son generalmente
Ver, mirar, oscuro, claro, observar.

Clientes auditivos
Son clientes que prefieren comunicarse
A través de los sonidos de su escucha.
Sus expresiones son
Conversar, expresar, charlar, decir, escuchar.

Clientes sensoriales
Predomina la comunicación a través de los gestos, las miradas lenguaje corporal.
Sus expresiones son firme, sentir, equilibrio, tocar, coger.

Continuidad

Es importantísimo realizarle seguimiento a nuestro cliente y esto es lo que significa la continuidad ósea la continuidad de nuestras relaciones con el cliente para realizar un buen servicio.

Los clientes deben entender que al comprar nuestro producto o servicio a continuidad de las relaciones cliente - empresario seguirán hasta el momento que se requiere.

Muchas veces la continuidad puede ser bien con el mismo producto o servicio o con un nuevo producto o servicio dependiendo de nuestras ofertas.

En continuidad me refiero a la continuidad que debo realizar con mi cliente.

Es seguimiento que poder ser telefónico, correos, visitas, tarjetas de navidad, información de promociones y nuevos productos o servicios.

En el modelo expresamos iniciar amar y agradecimiento. Llama a tu cliente a darle gracias por su compra.
Continuidad en el servicio al cliente con:

Servicio excelente, Servicio antes-durante-Post venta, Apoyo profesional, Cumplimiento, Atención a quejas y reclamos, Nuevos pedidos.

Conexión

La conexión que tengamos con nuestro cliente debe estar muy influida para que la emocionalidad del cliente sea un factor importante para la compra de nuestro producto o servicio.

Cuando el cliente entienda la necesidad y la urgencia de comprar nuestro producto o servicio.
Es el camino correcto para cerrar nuestra venta y poder entender que la conexión cliente empresario fue óptima.

Confianza

La confianza que nuestro cliente sienta por nosotros es de vital importancia para poder ofrecer nuestro producto o servicio al cliente

Que nos da la confianza y al

Mismo tiempo a quien le damos la confianza.

Es importante cuando tenemos una autoestima alta que nuestra confianza en nosotros mismo también sea lo más alto posible.

Cuando estamos seguros de obtener nuestra venta y cerrar la venta lo más seguro es que hemos tenido confianza en nuestro producto, en nuestra empresa y en nosotros mismos.

La confianza que le damos al cliente es definitiva para la adquisición de un producto o servicio.

La confianza más importante que debes tener es en mi confianza.

Confía en tus cualidades de empresario. Si sigues los modelos de este libro, seguramente vas adquirir la información precisa y concisa de vender.

Las pautas necesarias para convertirte en el vendedor profesional que quieres ser.
Conocimiento:

El conocimiento de todo lo que rodea la empresa es primordial para ser un empresario profesional de éxito.

Siempre en este manual reitero lo del conocimiento en todo lo referente a las empresas.
Desde mi conocimiento hasta el del cliente.

Cierre: Profundizamos más en técnica en el modelo movimiento.

Control: De toda mi información y control en mi empresa.

Calma: Mantener la calma en todo lo referente a mi empresa.

MOTIVACIÓN 8

Indagar (referente al tipo de cliente en cuanto a empresas se refiere que se explica en clientes)

Indagar e investigar todo lo referente a la empresa o al cliente que tenemos al frente para nuestra futura empresa.

Cuando estamos en la demostración se suele indagar con respecto al cliente su necesidad de nuestro producto o servicio.

Indagar todo lo referente a la respuesta que debemos darle a nuestros clientes para que se convierta en una empresa exitosa.
Cuando estudiamos analizamos y ofrecemos todo a nivel de la excelencia vamos a obtener y a desarrollar el éxito esperado de nuestro producto o servicio.

Se debe indagar el mercado donde se va a trabajar y realizar listas para encontrar nuevos clientes.

Sugerencias para encontrar nuestro cliente
1.   Directorios

2. Prensa
3. Catálogos
4. Internet
5. Referidos
6. Lista de la cámara de comercio
7. Vecinos
8. Clientes
9. Lista de centros comerciales.

Indagar en tecnología. Debemos conocer los nuevos conceptos tecnológicos para avanzar con ellos.

Como el internet donde el marketing se puede aprovechar de acuerdo a las necesidades de mi producto o servicio.

Imagen
Hasta aquí, el principio general. Ahora bien, hay clientes especiales, selectos o

muy habituales con los que esta premisa básica no vale.

En ocasiones, la empresa considera que merece la pena invertir todo el tiempo que sea necesario para convencer a un cliente descontento – incluso a sabiendas de que está equivocado –

Porque la calidad, prestigio o frecuencia de compra de dicho cliente harán que, a largo plazo esa inversión resulte beneficiosa para la compañía.

En este caso, es muy importante intentar demostrar al cliente nosotros no hemos fallado y preservar así, ante sus ojos, la calidad y eficacia de nuestra empresa.

En muchas ocasiones una vez convencido, le ofrezcamos alternativas que equilibren su descontento inicial.
La imagen es muy importante donde se incluye vestimenta y puntualidad.
Incluso unas tarjetas personales profesionales que demuestren tú marca personal.
Acostumbro llegar 10 minutos antes de una cita de empresario.

MOTIVACIÓN 9

Obtener todo lo que nos hemos propuesto si utilizamos correctamente el tiempo los recursos y todo lo que esté al alcance de nuestras manos para que nuestra planeación y nuestros movimientos nos lleven al éxito de nuestra empresa del producto o servicio.

Observar con interés lo que el cliente nos está diciendo porque si estamos concentrados vamos a resolver todas las objeciones que se presenten con nuestros clientes.

El interés incluye ese interés de capacitarnos y educarnos cada día más para convertirnos en un empresario profesional y así nuestra emocionalidad fluye por el lado positivo y exitoso de parte nuestra.

NEGOCIAR VS EMPRESARIO

El proceso de negociar también se confunde con empresario.

Al negociar se utilizan muchas técnicas de ventas pero difiere en que es un proceso mucho más complejo.

Quien está negociando busca una solución que resuelva las necesidades de ambas partes – algunas veces opuestas-.

Las habilidades de empresario se necesitan para que los negociadores centren sus interacciones y logren compromisos en cada etapa, mientras el acuerdo se concluye exitosamente.

MOTIVACIÓN 10

En mi demostración
En mi demostración es de los aspectos más importantes para el hermoso mundo de las ventas se podría decir que en este modelo de motivación esta demostración sería un arte.

El empresario debe preparar la demostración y todos los aspectos relevantes de su producto el día que va a ofrecerlo a sus clientes.

En este aspecto el modelo movimiento cobraría una importante y altísima para la planeación de su visita y sus metas.

Una buena presentación debe contener
1-Explicación corta de tu producto o servicio
2-Concepto de nuestro producto o servicio
3-Cómo funciona
4-Beneficios

5-Cierre exitosa de la venta

Empatía

Empatía es muy importante ya que con esto sabemos entender con más precisión la necesidad de nuestro cliente y podemos igualar muchos aspectos con nuestros clientes.

La empatía es esencialmente la capacidad de ponerse en el lugar del otro, la habilidad para sentir de manera precisa las reacciones, sentimientos y necesidades de nuestro interlocutor.

La empatía implica la posibilidad de entablar una comunicación fluida y constructiva, a través de una actitud sensible y receptiva hacia el otro.

Una persona empática reconoce con relativa facilidad las pistas y claves que le da su oyente para relacionarse con él de manera efectiva y gratificante para ambos.

Escuchar: Todas las preguntas y objeciones de mi cliente y esperar para responder algo clave al menos 5 segundos.

Empleados
Es el activo más importante de nuestra empresa o negocio, el activo más valioso, es el recurso humano.
Debemos tratar bien el personal y realizar capacitaciones de varios temas.

Espíritu emprendedor.

El espíritu emprendedor debe ser activado, si nuestra energía y motivación se concentran en nuestro negocio o empresa todo va saliendo y se va encaminando a un éxito seguro.

Debemos atraer prosperidad con nuestros pensamientos.

El empresario que hay en mí
El empresario que hay en mí se debe activar en la mayoría de las actividades que hacemos a diario debemos tomar decisiones y una de las más importantes es ser independiente y abrir una empresa.

MOTIVACIÓN 11

Debemos encontrar la necesidad y convertirla en un beneficio de lo que estamos ofreciendo debemos saber escuchar y observar y así cuando encontramos la necesidad del cliente de su producto o servicios y la detectamos podemos cerrar una venta con éxito.

Es importante el tiempo adecuado y preciso para comunicar y expresar que queremos servir con nuestro producto o servicio a nuestro cliente.
Debemos resumir las necesidades que nuestro producto o servicio puede resolver a nuestro cliente, y expresarle lo que hemos sentido, lo que hemos entendido de su necesidad y exponerle nuestro resumen con una pregunta.

MODELO MOVIMIENTO

El modelo movimiento inicio es parte fundamental para una buena venta en todos los sentidos si deseas complementar el modelo movimiento impulso y refuerzo puedes comprar el libro motivación.

Hemos llegado a uno de los modelos más importantes para planificar nuestras metas correctamente y completamente.

El modelo movimiento tiene tres fases: inicio, impulso y refuerzo.

Nos hemos enfocado en la fase inicio ya que consideramos que con esta guía te puedes convertir en el vendedor más motivado del mundo y más eficiente.

Moderación

Es importante aplicar la palabra moderación en todas las actividades de nuestra vida.

Es decir no debemos exagerar en lo negativo ni en lo referente a la baja de motivación.

Nuestra autoestima debe subir y aumentar todo el tiempo para un óptimo nivel empresarial.

Interés

El interés que debemos darle al cliente dependerá mucho en el éxito de nuestra venta. Mantener interesado a nuestro cliente es vital para un cierre feliz y completo entre las partes.
Debemos mantener interesado a nuestro cliente utilizando todos los

medios que ofrece las redes sociales y el internet y así ese incentivo de nos va convertir en un beneficio más de todas nuestras propuestas.

INICIAR AMAR

Iniciar amar es de los modelos más importantes de nuestro modelo motivación como lo hemos explicado siempre debemos iniciar amar nuestros movimientos y nuestras metas y al iniciar la continuidad es muy importante ya que el amor que enfoquemos en nuestra empresa no debe disminuirse en ningún momento.

Iniciar amar el trabajo que estoy realizando utilizando todas esas herramientas que tengo a disposición como por ejemplo talentos que no he descubierto que tengo para utilizarlos en pro de mis metas.

Mercado

En el mundo de las empresas el mercado donde estoy trabajando es muy importante para la planeación y motivación que tengo para mejorar mi empresa.

Por muy efectiva y original que sea nuestra campaña publicitaria, es imposible llegar a un mercado que no conocemos bien.

Los primeros pasos de una relación amorosa se fundamentan en el mutuo conocimiento de los miembros de la pareja: gustos, aficiones, aspiraciones... dos desconocidos no se entenderán si previamente no intentan conocerse.

El mercado tiene unas características homogéneas que debemos descubrir para conocer la razones por las que los clientes nos van a preferir a nosotros y no a la competencia.
La empresa debe definir mercado objetivo y se concentre en ese territorio.

El mercado es el grupo identificable de consumidores con cierto poder adquisitivo, que están dispuesto a pagar por un producto o servicio.
Ampliar

Ampliar todo lo relativo a nuestros conocimientos en empresas y desarrollo de nuestra profesión para que cada día ampliemos más nuestra mente y seamos más abiertos a aprender y a actualizarnos en muchos aspectos como por ejemplo la tecnología.

Ampliar como la misma palabra lo expresa es amplio,

En este caso debemos enfocarnos en ampliar nuestros conocimientos, Nuestras relaciones, nuestra inteligencia emocional, nuestra inspiración,

Nuestras técnicas, nuestro agradecimiento, nuestra actitud, nuestra responsabilidad, nuestro orden, nuestra imaginación,
Nuestra innovación, nuestro optimismo y nuestro modelo movimiento.

Ampliar en el buen sentido de abundancia y de aumento de todo lo que se requiera para un Óptimo desempeño en una de las profesiones más hermosas en el planeta tierra que es ser empresario.

Análisis

El análisis optimo y centrado bebe primero en todo lo referente a nuestro negocio o empresa ya que si nuestro análisis es certero seguramente vamos a triunfar con nuestra empresa.

Reflexión

La palabra reflexión es muy importante cuando no hemos cerrado la venta y cuando la hemos cerrado.

Cuando no hemos cerrado una venta o servicio de nuestra empresa debemos reflexionar que nos hizo falta, y que debemos complementar.

Respuesta
La respuesta que le proporcionamos a nuestros clientes a sus preguntas son parte fundamental para el éxito de nuestra empresa.

La motivación como expresamos estas palabras va a afectar el grado de aceptación de nuestro producto o continuidad en nuestro cliente.

Es importante retarme todos los días a ser mejor y vender cada vez más.

Repetición

De mis 2 modelos Movimiento y Motivación, la responsabilidad social en nuestra empresa cada vez está en auje, es decir en todo lo referente al medio ambiente y al bien de la sociedad al implementar nuestra empresa o negocio.

Requisitos
Los requisitos para abrir una empresa los encontramos en la cámara de comercio de nuestra ciudad.
Debemos realizar un préstamo o abrirla con nuestros ahorros.

SÍNTESIS MODELO MOTIVACIÓN EN MÍ

M = Marketing (Mercadeo)
O = Oportunidad
T = Territorio +Transmitir I = Iniciativa + información
V = Ventas + Valores
A= Asertividad +Armonía
C= 9C Cliente-Comunicación-Continuidad Conexión-Confianza-conocimiento-cierre-control-calma
I= Indagar +Imagen
O= Obtener
N= Negociación

E=En mi demostración+ Empatía +escuchar
N= Necesidad

M= Modelo Movimiento
I= Interés + Iniciar Amar

Anticipación
Mercado y Mevitación (Método modelo motivación visualización y transformación en mi amar)
Ampliar
Reflexión + Respuesta+ Reto+ Repetición

MODELO MOVIMIENTO – MOVIMIENTO INICIO

Bienvenido a un modelo que te ayudara a planificar tu meta en una 7 ,14 y 21 días. Si lo aplicas correctamente cambiara tu vida por el solo hecho de poder realizar esta meta.

Con esta teoría las metas se planifican mejor en cada semana y así hay más posibilidad de lograrlo a corto, mediano o largo plazo.

Nos hemos enfocado en una meta planificada en una semana y hasta tres semanas, pero en realidad el modelo se puede aplicar también a la organización de tu semana en las tareas con propósito cotidianas.

La meta puede realizarse una semana o revisar cada semana los movimientos que se han realizado para el cumplimiento de la meta.

Cuando en este libro me refiero a (EN MI), Se refiere a ti a cada persona que va a realizar el modelo.

Puede ser una meta más larga pero es la persona la que decide si es Movimiento o Movimiento Impulso, Movimiento Refuerzo.

Es un auto-entrenamiento.

Guía:
Prefiere no hacer parte del gran número de personas que prefiere seguir despreciando sus días en críticas, quejas, cinismo, inacción, simple sobrevivencia.

Este programa es una gran oportunidad.
- Descubrir lo que es lo que te detiene u obstaculiza y que hacer al respecto.
- Alcanzar tus metas. En este caso nuestra meta es crecer una empresa o negocio.
- Descubrir cómo llevar tu mente al máximo potencial de tal manera que puedas crear los resultados que quieres en tu vida.
- En este programa lo que encontraras son estrategias y herramientas basadas en la ciencia de cómo funciona nuestra mente y emociones y cómo usarlas para crear el éxito que buscamos.
- Es el momento de creer en ti mismo.

- Cuando se tiene las herramientas adecuadas todo es posible.

- Se requiere que lo implementes con determinación, solo así vas a Obtener los resultados que buscas.
- Conectar todos los días el movimiento es el camino de cada movimiento lo que cuenta.
- Es un modelo donde la motivación y la inspiración estarán presente en todo momento.

- La motivación personal la tendrás presente todos los días realizando tu movimiento.
- Vas a tener éxito para alcanzar y lograr las metas.
- Tu vida va a cambiar con la planeación de tu meta y el logro de la misma.

Me gustaría felicitarte por la decisión de comprar esté libro.
Para lograr abrir una empresa o negocio.
"La acción es el fruto propio del conocimiento" T.Fuller

- Esté modelo movimiento es una herramienta importantísima para lograr y crear la vida que queremos Y ayudar a otros a que también cumplan y lo logren.

- Construye un hábito para los cimientos indispensables para su entorno.
- Expande la claridad de sus metas y como alcanzarlas
- Tendremos muchos ejercicios de práctica, por eso será un modelo maravilloso.

Sugerencia:
Comprar un cuaderno o libreta. Para realizar los ejercicios.
Es un libro de trabajo muy especial.
- Un cuaderno de trabajo.
Es un método para llevar y realizar un paso o movimientos todos los días
Debes memorizarte en cada movimiento las siguientes claves

Son 2 movimientos diarios
1. Movimiento inicio

Favor memorizar así:
MO – Lunes
VI – Martes
MI – Miércoles
EN – Jueves
TO – Viernes
EN – Sábado
MI – Domingo

Saber que son 2 sílabas de la palabra movimiento cada día de la semana

Por eso es preferible empezar el lunes aunque no es indispensable.

El método se explica para empezar el lunes si la persona lo cambia solo debe escribir las 2 sílabas en el día que comienza.

Ejemplo empezando el martes:

Martes – MO
Miércoles – VI
Jueves – MI
Viernes – EN
Sábado – TO
Domingo – EN
Lunes – MI
Y así sucesivamente

Repito es más fácil para memorizar empezando el lunes y también el ejemplo del libro es siempre empezando el lunes.

La persona sabe que son 2 silabas cada día.

Incluso para recordar mejor se puede guiar por el miércoles que siempre son las 2 silabas MI
Ejemplo
Lunes
Martes
Miércoles MÍ

Inteligencia aumentar la inteligencia, pensar, leer, varias soluciones para un objetivo.

Inteligencia Emocional es la capacidad humana de sentir, entender, controlar y modificar estados emocionales en uno mismo y en los demás.

Inteligencia emocional no es ahogar las emociones, sino dirigirlas y equilibrarlas.

Agrupa al conjunto de habilidades psicológicas que permiten apreciar y expresar de manera equilibrada nuestras propias emociones, entender las de los demás, y utilizar esta información.

Para guiar nuestra forma de pensar y nuestro comportamiento.

El modelo movimiento le permite aprender las relaciones con el modelo

Modelos para realizar la eficacia
Reforzar habilidades en mí
Expansión
Ejercitarme
Entrar por primera vez al mundo del modelo movimiento

La meta es algo que se desea realizar a corto, mediano y largo plazo.
Los objetivos son realizaciones concretas que se logran siguiendo una serie de pasos.

Es importante aclarar que a veces refuerzo los conceptos.
Por 2 motivos en especial.

1-Para que sea mejor entendido el método
2-Una técnica especifica del modelo

Ejercicio
Escoger cinco metas de ser empresario que desea realizar y escribirlas

1. _____
_____
_____

2. _____
_____
_____

3. _____
_____
_____

4. _____
_____
_____

Preguntas en mi modelo

1. ¿Qué quieres para llevar tu vida a otro nivel?
2. ¿Por Qué es tan importante?

3. ¿Quién eres tú? Descríbete

4. ¿Cuál son tus valores?

5. ¿Cuál es tu meta? Metas de mayor a menor

1._____
_____
_____
2._____
_____
_____
_____

3._____
_____
_____
4._____
_____
_____
_____
5._____
_____
_____

Aprendizaje

De La habilidad llega a ser natural del comportamiento – hasta notar que es capaz de realizarse en forma natural.

**Escalera
DONDE SUCEDE
EL APRENDIZAJE**

Competencia
inconsciente

Competencia
consciente

Incompetencia
inconsciente

Incompetencia
consciente

Es importante que cada día de la semana lo que deba realizar para su cumplimiento se vuelva natural.

Es decir cada día me propondré en realizar lo que me corresponde en orden y con el pensamiento del triunfo en mi meta.

Vamos más allá

Es decir mi vida con la planeación de la meta se moverá de nivel.
Es importante aclarar que este modelo es de auto entrenamiento es decir realizar los ejercicios con la ayuda del libro.
Existen muchos profesionales que pueden acompañarte a realizar las metas y es muy Valido también.

Existen muchos profesionales para tal fin y con óptimos resultados.

Recuerda que esté método es de auto entrenamiento pero también puede ser acompañado por un entrenador profesional.

Avanzando en nuestras habilidades

Aprenderemos sobre nuestra creatividad y liderazgo para llevar nuestra vida al siguiente nivel.

Puede ser que algunos de los conceptos que vas a encontrar en este método te sean repetitivos, es muy importante una actitud de "Donde puedas ver desde otra perspectiva en especial que los veas como parte de un sistema de desarrollo personal y como una herramienta que le servirá a ti a mejorar tu vida en cualquier campo, es sólo una semilla del entrenamiento para que cada vez avanzar más".

Cuando estamos abiertos a aprender y a llevar nuestro conocimiento a otro nivel.

Avanzando en mi semilla

- Riesgos: todo implica un riesgo
- Creatividad: la meta debe complementar nuestra creatividad
- Metas: escogemos cinco metas y desarrollaremos una
- Liderazgo : liderar esa meta
- Lograremos esa meta.

Ejercicio
Escribir que es lo que me motiva a realizar las metas
En mi semilla
Movimiento Inicio

Lunes – MO Corresponde a las palabras
Metas
Organización
Martes – VI Corresponde a las palabras
Viable
Imaginación
Miércoles – MI Corresponde a las palabras
Motivación
Innovación
Jueves – EN Corresponde a las palabras
Escribir
Numerar
Viernes – TO Corresponde a las palabras
Técnica
Optimismo

Sábado - EN Corresponde a las palabras

Enfoque
Nuevo

Domingo – MI Corresponde a las palabras
Me gusta
Iniciar AMAR

MO – Lunes
VI – Martes
MI – Miércoles
EN – Jueves
TO – Viernes
EN – Sábado
MI – Domingo

. M = Meta
. O = Organizar
. V = Viable
. I = Imaginación
. M = Motivación
. I = Innovación
. E = Escribir + Emoción
. N = Numerar
. T = Técnica
. O = Optimismo

. E = Enfoque
. N= Nuevo
. M= Me gusta
. I= Iniciar Amar

. A= Actitud
. M= Movimiento
. A = Agradecer
. R = Responsabilidad

Movimiento Inicio

Meta –

Escojo la meta
Organizo todo para empezar la meta y establezco un orden viable la meta debe ser
La meta de la apertura de un negocio o empresa debe ser clara
Organizar todo lo relacionado en Organizar

1-Tiempo (Tú día)
2-Visitas
3-Clientes
4-En mi presentación
5-Objeciones
6-Modelo Motivación
7-Modelo Movimiento

Las metas es lo que queremos que se nos cumpla en corto mediano o largo plazo.

Mis propósitos pueden varias en:

1. Personales
2. Familiares
3. Profesionales
4. Laborales

Con el modelo movimiento puedo planificar las metas viables que me propongo ya que cada día realizo mínimo dos movimientos con la motivación adecuada para esforzarme y alcanzar mis sueños.

Viable

Es decir alcanzable.
Mi meta debe ser viable para ser alcanzable.

La viabilidad de mi meta es muy importante ya que si es una meta inalcanzable va a ser muy difícil lograr esa específica meta.
Imaginación: puedo imaginar la meta ya realizada.

La imaginación también se refiere a todo lo que puedo Planear y estructurar para la realización de la meta.

Debo imaginarme en primer lugar todo lo que voy a realizar para mejorar siempre.

Imaginar que voy a ser el empresario más motivado del mundo me ayudara a crecer.

Motivación debo tener una motivación alta para que todos los días pueda realizar un movimiento, el libro de motivación me sirve mucho para aumentarla cada día.

Para el empresario más motivado del mundo.
http://www.amazon.com/Motivaci%C3%B3n-Alcanzar-inspiraci%C3%B3n-vida-Logra-sue%C3%B1os-%C2%A1-ebook/dp/B00RDWHVBY/ref=sr_1_2?ie=UTF8&qid=1438811532&sr=8-2&keywords=motivacion

Innovación se refiere a la metodología que voy a utilizar para la que la meta se cumpla debo pensar en algo nuevo que no he realizado hasta este momento para que la meta si se cumpla.

Innovar en mis técnicas de empresario.
La innovación está muy de moda por estos días.

Innovar significa cambiar las cosas introduciendo novedades, cuando innovamos en las ventas es importante pensar en términos del avance del tiempo.

Para aumentar toda empresa es importante innovar, con innovación aumentamos el número de clientes, las ventas, la repetición en la venta.

La motivación es clave para la innovación en el campo de las ventas tanto el cliente como el empresario.
Escribir las metas en tu programa de empresa
Escribir los pasos que puedo y debo realizar para que la meta sea una realidad.
Escribir todo lo que voy a realizar.
Escribir todo lo relacionado con mi cliente y en general con mi producto o servicio.
Escribir inclusive las emociones que puedo sentir al realizar mis movimientos y cuando se refiere a las ventas debo escribir las emociones que el cliente me transmiten y al mismo tiempo las emociones que yo transmito

a mis empleados y en general las personas que tienen que ver con mi empresa.
Escribir ideas nuevas.
Emociones

Las emociones son un factor importante en el mundo maravilloso de empresa ya que todos los seres humanos somos emocionales y al mismo tiempo todos los seres humanos tenemos algo o mucho de empresarios.

Debemos aprender a manejar nuestras emociones especialmente cuando nos alteramos y nuestras emociones no nos dejan actuar de una manera acertada.

La actitud metal positiva juega un papel importante en nuestras emociones y en como desarrollamos nuestras inteligencias en especial la emocional, nuestro modelo iniciar amar nos ayudara en el aspecto emocional.

Iniciar amar nuestras emociones positivas y placenteras.

Numerar se refiere especialmente a numerar fechas donde yo pienso que se va a realizar la meta.

Es decir números tangibles como calendarios y cifras si se requieren.
Debes escribir cifras de lo que tienes prospectado para que tu empresa prospere cada vez más.

También fechas probables de los movimientos más amplios para la consecución de la meta.

Los números juegan un papel importante ya que con los números especificamos una fecha, un valor y así vamos a alcanzar con más facilidad nuestra meta con este número.

Técnica

Se refiere a que debo buscar una técnica muy personal para motivarme y realizar el movimiento del día (libro motivación).

Las técnicas de vender para que nuestro negocio prospere son diversas.

Técnicas de cierre

A continuación exponemos técnica para cerrar la venta.

Técnica de la opción

Esta técnica pretende evitar que el cliente se dude si se queda con el producto o servicio. Que se va a quedar con el producto o servicio es claro.

Se trata de entender con qué se va a quedar exactamente.

Para ello, debemos ir ofreciéndole otras alternativas de compra que le permitan ser el verdadero protagonista de sus decisiones.

Estas alternativas le servirán al empresario para presentar mejor la venta.

Sugiero, darle a escoger entre los diferentes tamaños o cantidades de un mismo producto, o entre dos productos diferentes que nos permitan aconsejarle el Que "se adapta mejor a sus necesidades"...

Técnica de la oportunidad única.

Esta técnica busca hacer ver al cliente la suerte que ha tenido de interesarse por la compra de nuestro producto justo en ese momento, ni antes ni después, puesto que es ahora cuando se han dado las circunstancias precisas para hacer una oferta especial ,es algo único y no es repetible si compra ahora.

El empresario también puede hacer uso de esta técnica durante la fase de las objeciones, pero hay una diferencia sustancial.

Cuando intentamos contestar las objeciones del cliente, sólo podemos utilizar esta técnica de manera indirecta y sutil, para evitar que el futuro cliente, aún sin decidir, se sienta presionado.

En el cierre de las ventas o de servicios de la empresa, debemos planteárselo al comprador de manera directa y especificando.

"la buena oportunidad" que existe.

Es de suponer que ahora el cliente ya está predispuesto a comprar y lo que pretendemos es cambiar su atención de la compra en sí misma y centrarla

En factores secundarios, como el beneficio que dicho Producto o servicio le va a dar y como lo puede aprovechar.

Optimismo

Se refiere a que debe ser una palabra constante para que pueda realizar todos los movimientos diarios de la meta.

El empresario más motivado del mundo debe ser optimista siempre.

http://www.amazon.com/MOTIVACI%C3%93N-Autoestima-Psicolog%C3%ADa-Positiva-espiritual-ebook/dp/B00PPXK3O0/ref=sr_1_2?ie=UTF8&qid=1419367428&sr=8-2&keywords=motivacion+personal.

Enfoque se refiere que debo enfocarme en la meta y debo concentrarme mucho en esa meta y los movimientos deben estar enfocados para tal fin.

Enfocarme en mi meta.

Enfoque es una palabra muy importante cuando nos concentramos en lo que queremos y si nuestra esencia está enfocada perfectamente con lo que queremos probablemente lograremos nuestras metas.

Las metas serán enfocadas siempre a iniciar amar nuestros movimientos, nuestra profesión y todo lo referente a nuestro producto o servicio.

Nuevo se refiere al movimiento nuevo de cada día y en especial A las nuevas perspectivas de la forma en cómo estoy realizando los movimientos deben ser nuevos renovados y certeros.

Todo debe ser con nuevas ideas.
Nuevo es una palabra que indica algo recién creado o fabricado en el proceso de la empresa si encuentro nuevos conceptos nuevos Clientes, nuevos productos, nuevos servicios, quiere decir que estoy avanzando en mi movimiento.

Por ejemplo la tecnología cada vez avanza más y muchas veces con nuevos productos.

Debemos estar actualizados en tecnología ya que el mundo de las empresas también avanza con la tecnología.

Me gusta se refiere a que siempre me va a gustar más los movimientos que realizo para la meta y su realización.

Iniciar AMAR

Me gustan las empresas.

Me gusta es un término que debemos utilizar todos los días para nuestra vida y cada vez nos debe gustar más los movimientos que realizamos para continuar el hermoso camino de la vida.

Si por la mañana nos levantáramos y reflexionáramos como nos gusta nuestro planeta, Nuestro universo, nuestra vida, nuestra profesión, nuestra familia y todo lo que nos rodea seguramente nuestros días será más armonioso y feliz.

Es decir cada vez me gusta más la idea de emprender.
Iniciar amar es de los movimientos más importantes son los movimientos del séptimo día.

Iniciar amar las ventas en todas sus formas es fascinante este mundo.

Debo tener siempre actitud positiva

Movimiento se refiere a la constancia en mis movimiento no debo disminuirla.

Cuando tenemos la actitud positiva esto va a influir en la actitud positiva que tengamos hacia el producto y hacia nuestra empresa y por ende hacia nuestro cliente nosotros debemos estar convencido que lograremos la meta y así nuestra mente comenzara positivamente y se nos va a reflejar en confianza y tranquilidad.

Es importante recordar que así como lograr la felicidad puede ser aprendida nuestra actitud optimista también.

Martín Seligman, formulo la tesis que se llama "optimismo aprendido"

Agradecer
Se refiere a dar gracias todos los días por el día tan maravilloso y esa buena

actitud. Agradecer que esa actitud se mantenga.
Agradecer siempre por mis empresas, presentes y futuras.

Agradecimiento por todas las cosas hermosas que me están sucediendo.

Agradecer siempre es una palabra importante de nuestro repertorio cotidiano y seguramente nuestro agradecimiento se verá reflejado en nuestro mundo y así con esta actitud de agradecimiento y gusto por todo lo que me rodea será un nuevo mundo en mí.

Responsabilidad

Se refiere a que esté modelo o método es una responsabilidad para mejorar mi vida y seguir con los movimientos para la realización de la meta.

Responsabilidad en todo lo relacionado al cliente y en mi producto o servicio.

La responsabilidad es un valor que se encuentra en la conciencia de las personas y esto permite orientar sus actos.

La responsabilidad de nuestros actos y en este caso del modo como llevamos nuestra metodología de venta repercutirá positivamente al avance de nuestra carrera profesional.

MOVIMIENTO INICIO DÍA UNO

Día Uno: lunes

En este día comenzaremos la metodología de nuestro método con el acrónimo movimiento En Mí que es un movimiento de cada persona.
M Mi meta Movimiento
O organizar, ordenar
Como cada vez tendremos un movimiento para la realización de nuestra meta como ejercicio escribimos la meta. "yo voy a abrir una empresa".

Escribo mi meta y organizo y ordeno todo lo que pienso realizar esta semana para el cumplimiento de mi meta.
Es muy importante adquirir una rutina y así no voy a posponer, voy a tener una disciplina.
Es importante organizar nuestro tiempo y usarlo bien
1. Organizar

a-clientes (Base de datos)
2. Escribir todo
3. Utilizar mapas
4. Indagar parqueaderos
5. Clasificados
6. Clasificar sus clientes por su interés en la compra
7. Indagar la dirección con anticipación
8. Puntualidad ante todo

Qué hace el modelo movimiento

Uno de los pasos más importantes es explorar como eres como persona para explorar esto debemos realizar las siguientes preguntas.

1. ¿Quién eres?
2. ¿Cuáles son tus creencias y valores?

3. ¿Qué es aquello que defiendes?
4. ¿Cuál es el verdadero propósito por el cual haces lo que haces?

Respondiendo estas preguntas te acercara más a tu auto conocimiento y tu autodescubrimiento.
La confianza que te brindes a ti mismo es de vital importancia para el proceso de entrenamiento.

Definición
Encontraremos muchas definiciones de eficacia personal se caracteriza por el empoderamiento en las personas para crear la vida que desean.
Generalmente nos focalizamos en el crecimiento y en el logro de las metas.

- Es autodescubrimiento
- Llevar mi vida a otro nivel
- Una conversación de poder

Modelo Movimiento

El valor de un modelo es reforzar la habilidad para recordar los componentes que son claves en un sistema o proceso.

El modelo movimiento.
Día 1 Lunes
M=Meta
O=Organizar
Día 2 Martes
V=Viable
I=Imaginación
Día3Miércoles
M=Motivación
I=Innovación

Día 4 Jueves
E=Escribir

N=Numerar

Día 5 Viernes
T=Técnica
(Tener Prioridades)
O=Optimismo

Día 6 Sábado
E=Enfoque
N=Nuevo

Día 7 Domingo
M=Me gusta
I= Iniciar Amar

A= Actitud
M=Movimiento y Mevitación®©
A= Agradecer
R= Responsabilidad

La relación en mí mismo
Tú y tú

Preguntas:

1.   ¿Qué es lo que quieres saber acerca del movimiento?
El movimiento de abrir mi empresa

_____
_____

2.   ¿Cómo esto te va a ayudar a ser tu más eficaz y sacar lo máximo tú mismo?

_____
_____

3.   ¿Cuáles crees que son tus retos en tu camino hacia tu logro?

_____
_____

4.   ¿Qué habilidades, vas a usar?

_____
_____

OBSERVEMONOS A NOSOTROS MISMOS

Nos enfocamos observando cómo podemos mejorar y aplicar cada día para lograr nuestra meta.
Ejercicio
Alguna preguntas para conocerme mejor

_____
_____

Escribo lo que pienso y cuál es mi movimiento más importante hoy.
En mi movimiento
        Semilla en mí

_____
_____
_____

Preguntas Modelo Movimiento
MO= Meta + orden

1. Elije un área de tu vida que la tengas como meta a realizar.

2. Para tu propósito como sería una situación ¿ideal?

3. ¿Qué voy a organizar para mi meta hoy?

4. Si pienso que voy a ser ordenado en mi meta ¿Cómo sería ese ordenamiento?

Un ejemplo:
Vamos a comenzar el
Ese día es

MO = Meta + organización + orden.
VI = Viabilidad +Imaginación.
Te estoy escribiendo y sugiriendo sea que comiences el lunes o si empiezas otro día diferente al lunes no es importante pero si debes escribir para tu mejor planificación de la meta.

Incluso puedes comenzar cuando quieras pero es una sugerencia comenzar el lunes para mayor cumplimiento de las metas.

DÍA DOS:

En este día dos verifico la viabilidad de mi meta y es decir si es factible de realizarse.

Orden:
En este día comenzaremos a tener más habilidad para realizar preguntas y nuestra curiosidad se abrirá cada vez más de acuerdo a nuestro proceso del auto entrenamiento se encuentran mediante mis repuestas muchas dudas que teníamos en nuestras vidas.

La conciencia que se abre en nosotros es una de las experiencias más importantes para nuestra vida debido a que vamos identificando lo que realmente queremos.

Tenga en cuenta, además, que el cliente se fijara en todo y cualquier detalle, por insignificante que nos parezca, puede arruinar nuestra imagen profesional ante el futuro comprador.
La mesa de trabajo, las sillas correspondientes, el teléfono, el fax, el ordenador, la necesaria documentación (folletos, carteles, impresos...), y todo ello con orden, limpieza, y pulcritud, serán el signo externo de la profesionalidad del empresario.

Resumiendo
Desde este día va abriendo su mente a la imaginación,

Significa, que nosotros abrimos nuestras mentes a lo que ellos están experimentando, sintiendo, viendo y creyendo.

Ahora, a medida que avanzas en tu camino para convertirte en una persona cada vez mejor.
Da a ti mismo(a) el mismo sentimiento de exploración compasiva y curiosidad acerca de tus propias experiencias.

Ten la voluntad y pues darte permiso para explorar lo desconocido con curiosidad de aprendizaje.

En especial porque al explorar este nuevo mundo del movimiento ahora, es importante que encuentres partes y momentos que te pueden retar, que te sacarán de tu zona de comodidad.

Acuérdate de algo que hayas aprendido, pero sabes con total naturalidad y Comodidad.
En el camino de aprendizaje se cometen errores.

¿Cuál es su experiencia cuando alguien interactúa contigo con curiosidad? En esas interacciones puede sentir:

☐ Un deseo e inclinación naturales a comunicarse abiertamente.
☐ Creatividad e imaginación.
☐ Mayor conciencia de ti mismo y de tu potencial

Es en este clima en el que se expande la conciencia y ocurre el aprendizaje

Inicio
Oportunidad
Visión
Movimiento
Técnica y Estrategia

Retroalimentación revisar los resultados
Tipo de preguntas
- Abiertas: Preguntas que invitan a la persona a una respuesta abierta y libre de una respuesta definitiva.

- En Mi: Preguntas muy efectivas que llevan a las personas a mirar sus asuntos con movimiento y transformación.

- Preguntas simples para llegar al MOVIMIENTO EN MI

LA IMPORTANCIA DE INICIAR

La importancia de indagar es atribuible a todos los seres humanos ya que la curiosidad es innata.

Cuando hemos observado nos hemos escuchado nos damos cuenta que con la indagación vamos llegando a las preguntas más intuitivas y certeras.
Iniciar en la planeación de mi empresa o negocio.

Alguno de los Pasos para el éxito de mi meta

a) Definir lo que se quiere
b) Viable
c) Motivación
d) Técnica
e) Numerar

Definir (significado) que es para direccionar la meta mía cuando comience a practicar.

Valores
Alguna lista de algunos valores
- Alegría
- Salud
- Gozo
- Pasión
- Conexión
- Compasión
- Creatividad
- Crecimiento
- Libertad
- Aventura
- Logro

- Contribución
- Poder
- Dinero
- Espiritualidad
- Tiempo libre
- Vida en familia
- Independencia

Enumera algunos otros valores que te parecen importantes
- _____
- _____
- _____
- _____

Mis valores fundamentales son:
- _____

- _____
- _____
- _____

Según el método del doctor Demartini según esta preguntas.

1. ¿En qué inviertes tu tiempo?
_____
_____
_____

_____

2. ¿En qué inviertes tu energía?
_____
_____
_____

_____

3. ¿En qué inviertes tu dinero?
_____
_____

4. ¿En qué es lo que más piensas?

5. ¿Qué es lo que más visualiza y esperas?

6. ¿Qué es lo que más te inspira?

Preguntas
"la calidad de nuestras preguntas determina la calidad de nuestra vida.
Las personas exitosas hacen mejores preguntas y como resultado obtienen mejores respuestas"
Anthony Robbins

Ejercicio
Martes:
Preguntas modelo movimiento

Viable, Imaginación
1.   ¿Cuál es la viabilidad de mi meta?
La meta de abrir una empresa o negocio

2.   ¿Es verdad que soy consciente de lo que tengo que hacer para el cumplimiento de mi meta?

3. ¿Es verdad que mi visión va a estar al 100% para que pueda realizar esta meta?

4. ¿Mi meta debe ser concreta viable y esa es?

Todo lo que nos rodea va influir en nuestro comportamiento.
Las Metas son los anhelos que tenemos y es allí donde tomamos acción para cumplirla.
Las metas debemos planificarlas en este libro en 21 días debes hacer 2 movimientos cada día es fácil sólo 2 es como un 2% haciendo los cálculos de 1% por movimiento.
Te estoy dando los pasos para realizar el movimiento. Existe un movimiento refuerzo y puedes realizarlo después

de los 14 días para la realización del movimiento del día.

Lo tienes que acomodar dependiendo si tu meta es corto, mediano o largo plazo.

DIA TRES

En este día tres voy a realizar y a descubrir la manera de seguir adelante con mi meta y encontraras maneras innovativas de pequeñas acciones para llegar a tu meta.

Utilizar las preguntas para que encontremos metas.

Estas mismas preguntas las formulo para mí y encontrar cuál es mi meta.

Yo Qué puedo?

En este día creamos aptitud y actitud que perseguimos.

Metas
De acuerdo a nuestro modelo movimiento obtendremos las metas.

Movimiento
Este modelo está basado en el comportamiento humano y en cómo funciona nuestra mente consciente e inconsciente, es un libro que no busca ser una tesis científica o un trabajo únicamente teórico, es un libro diseñado para ser práctico y aplicable de manera inmediata
Para ver resultados en tu vida.

Ejercicio
Mi meta es este momento está definida por eso me formulo algunas preguntas:

_____

_____

_____

Ejercicio:
Miércoles:
Preguntas modelo movimiento – miércoles
MI Motivación + innovación

1. ¿La manera de proceder va a ser así?

2. ¿Voy a mejorar cada día en lo que tengo que hacer para mi meta?

3. ¿Estoy motivado lo suficiente o debo hacer algo más?

4. ¿Qué innovaciones puedo crear para que mi meta se cumpla?

5. Mi máxima intensión es que mi meta_____
Sea cumplida para _____
6. ¿Necesito más actividades para la realización de mi meta?

7. ¿Voy a tratar de usar varias de mis innovaciones?

8. ¿Mi manera de proceder está acorde el logro de mi meta?

Es importante Imaginarme que la meta está realizada y voy visualizando la meta.

Innovación en cuanto a lo que debo realizar solo tú sabes los pasos.

Si es Investigar, acercar a la meta.
En este caso la apertura de mi empresa.

DIA CUATRO

En este día cuarto escribiremos la meta a cumplir y le doy un número cuando me refiero a una número es concretar cuándo y numerar los pasos a realizar para mi meta, numerar implica escribir, comienzo, términos, fechas...

ESCUCHARME

¿Cuáles son los atributos de la escucha?

¿Qué haces tú cuando escucha bien?

Qué es escuchar?

Es una de la habilidades más difíciles del ser humano por qué cuando escuchamos debemos entender lo que nuestro interlocutor nos está diciendo y transmitiendo verbalmente.

Escuchar es entender la comunicación verbal y no verbal entendiendo gestos y muchos movimientos que nos quieren expresar algo.

Debo escucharme y entender que es lo que realmente estoy realizando para el logro de mi meta.

SER
Muchas personas se focalizan únicamente en definir qué es lo que tienen que hacer para tener la vida que desean.

Otras tantas creen que primero necesitan tener para poder definir qué hacer y así poder definir quiénes son.
Cuando la verdad es que nosotros necesitamos establecer primero quienes queremos ser.

Ten estas 3 preguntas presentes: El movimiento de transformación va más allá de únicamente cambiar lo que hacemos, se basa en definir y convertirnos en quienes queremos y necesitamos SER para tener los resultados que estamos buscando.

La verdadera transformación inicia en el SER, y los cambios son duraderos y sostenibles cuando se basan en el SER.

Ejercicio

Día cuarto:
EN= Escribir + Numeración
Escribir lo que debo realizar para un movimiento para la meta.

Escribir fechas concretas y movimientos concretos, los escribo en el cuaderno.

Incluso escribir ideas que se te vengan a la mente en el momento que surgió la idea.

Preguntas modelo movimiento
EN Escribir + Numeración

1. ¿La elección de mi meta es la correcta en este momento?

2. ¿Qué voy a ejecutar hoy para darle cumplimiento a mi meta?

3. ¿Toda mi energía esta equilibrada en mi entorno para mis otras actividades?

4. Voy a numerar lo que tiene que hacer cada día para la realización de mi meta sea la Numeración de los

pasos y la numeración de las posibles fechas.

5.   Haré este calendario puede ser a 1 semana, 1 mes, 3 meses, 1 año, 3 años, o más.

DÍA CINCO

Día viernes
Las tareas que voy a realizar diariamente son importantes porque van a tener un propósito de lo que va a ser mi objetivo.
En este día quinto rectifico mi organización, mi manera, numeración y escribo.

Es importante en esta fase de quinto día llevar el optimismo a su mejor expresión y así ese optimismo me llevara a tener una actitud diferente e innovativo en mi meta.

En esta guía te daré unas frases de apoyo para que tu vida crezca en abundancia.

Debo imaginarme algún hecho positivo de mi vida y sentir y estar seguro que lo puedo lograr.
Debo encontrar una técnica para el logro de mi meta y así alinear mis actividades con mi propósito.
Mi técnica interna debe desarrollar mi técnica externa.

En este día debo encontrar que relación tengo con migo mismo y con mi meta para lograrlo.

Es muy importante la Psicología positiva en este día.

La psicología positiva se centra en el estudio de cualidades positivas y cómo desarrollarlas, ayuda a vivir una vida más satisfactoria y prevenir patologías que se producen cuando una vida parece no tener sentido.

Martin Seligman es el fundador de la Psicología positiva es importante aclarar la diferencia entre Psicología positiva y pensamiento positivo.

La Psicología positiva es una rama de la psicología, y por lo tanto, es una ciencia cuyas conclusiones están basadas en estudios e investigaciones, y no defiende que haya que pensar en lo positivo diariamente, ni negar la realidad.

Existen momentos donde debemos tener pensamientos realistas, en la psicología positiva ser feliz hace que se produzcan más cosas buenas en la vida de cada persona porque la felicidad hace que las personas obtengan resultados más positivos en todas las Áreas de su vida y obtengan relaciones más satisfactorias.

Es decir, es como un efecto multiplicador donde la felicidad, atrae más felicidad si nosotros experimentamos más emociones positivas viviremos mejor.

- La psicología positiva se define a sí misma como la ciencia de la experiencia subjetiva positiva, los rasgos individuales positivos y las instituciones positivas, busca conocer y desarrollar las circunstancias que permiten florecer a los individuos, las comunidades y las sociedades.

Creencias

Nuestras creencias van determinando un porcentaje alto para el criterio, en lo que vamos a dar más importancia.

Una creencia es un sentimiento de certeza acerca del significado de algo.

Oportunidad
Movimiento

Creencia
Las creencias las vamos creando cuando adquirimos experiencias.

Las creencias que me servirán e impulsan para convertirme en una mejor persona.

Debemos animarnos a pensar más allá de las restricciones conocidas hacia aspiraciones que tengan peso, que sean significativas, inspiradoras y de pronto, un poco incomodas.

Las aspiraciones son importantes.
. Poseen significado urgente e importante.

. Pueden ser imaginadas con detalle, cuando se exploran en cuanto a cómo se ven,

Cómo se escuchan y cómo se sienten lograr el resultado deseado.

. Crean una sensación de excitación y anticipación cuando se imaginan.
. Implican cierto grado de exigencia más allá de la zona de comodidad.

Ejercicio
Viernes del quinto día
Frases
TO Técnica + optimismo+ Obtener respuesta.
1.   Voy transformar mi vida a otro nivel mejor con el movimiento de hoy para mi meta.
Es decir para abrir mi negocio o empresa.

2. Voy a usar técnicas con mi meta así sea una meta, solo para mí.

3. Voy a aprovechar la ocasión que me estoy tomando para realizar mi meta.

4. Es una oportunidad que tengo hoy y si he prometido un movimiento hoy lo haré como oportunidad de triunfar en mi meta y seré optimista.

DÍA SEIS

Día seis Enfoque + Nuevo
Día sábado
En el día seis escribimos las estrategias que voy a realizar para mi meta, estrategias específicas de movimiento y en otro movimiento las refuerzo.

Hoy haré el movimiento del días seis como una nueva expresión de mi meta.

Debo enfocarme a mi meta es decir mi atención va dirigida a mi meta.
Enfocarme y no perder el foco. En cuanto a nuevo me refiero a que nuevo movimiento puedo aportar hoy para el logro de la meta.

Las novedades para la realización del movimiento que es un aprendizaje para mi vida.

Modelo
Cuando ya hemos definido nuestro modelo movimiento ya tenemos que dar un movimiento para el cumplimiento de la meta.

Día 1 Lunes

M=Meta
O=Organizar

Día 2 Martes
V=Viable
I=Imaginación

Día 3 Miércoles
Motivación
I=Innovación

Día 4 Jueves
E=Escribir
N=Numerar

Día5Viernes
T=Técnica (Tener Prioridades)
O=Optimismo

Día 6 Sábado
E=Enfoque

N=Nuevo

Día 7 Domingo

M=Me gusta
I= Iniciar – Amar
A= Actitud
M=Movimiento y Mevitación
A= Agradecer
R= Responsabilidad

Movimiento

Cuando nos movemos es porque ya vamos a realizar la acción de nuestra meta y así nuestra meta va a ser realizable.

Cuando nos responsabilizamos en alcanzar los resultados es una manera de focalizarnos en la responsabilidad de nuestra vida.

Preguntas:
Las preguntas son importantes y para esto debemos seguir de acuerdo a las pautas para alcanzar las metas y cuando empecemos a practicarla.
Cualidades para un buen movimiento debo repetir:
- Está bien cometer errores, porque así aprenderé
- La gente es maravillosa, todas las personas – sin excepción

- Si hay una manera de cambiar y mejorar, yo la encontraré.
- El movimiento es medido por la diversión que estoy teniendo, las lecciones que aprendo, la ayuda que le doy a los demás y la gente con la que me conecto.

- Hay solución práctica o espiritual para todo. Todo tiene solución
- Siempre existe la manera para lograr lo que me propongo.

- Si persisto lo lograré
- Cuando me siento contra la pared o en un momento de crisis es ahí cuando lo mejor de mi florece
- Siempre existe la manera.
- Mis ventas en mi empresa.
- Soy el empresario más motivado del mundo
- Hacer empresa es un arte
- El oficio de emprendimiento beneficia a muchas personas incluyéndome.

Recapitulando

Semilla en mí

Mis Apuntes

_____
_____
_____
_____

Ejercicio Sábado: Enfoque + Nuevo

En mi calendario escribiré todo lo que estoy realizando para mi meta lo que estoy realizando para mi mente.

Es mi responsabilidad de verme reviso todo lo que estoy haciendo por mi meta, recolecto lo positivo y los repaso para ver si estoy obteniendo resultados.

1. Debo enfocarme en preguntas para que pueda analizar toda meta.

2. Lo nuevo mis movimientos diarios me llevaran a mi meta.

3. Enfoque es lo más importante y debo cumplir para que la realice según el candelario que voy a escribir.

4. Repaso lo que he hecho para mejorar o seguir así.

5. El enfoque sobre mi meta no va a decaer

Iniciar AMAR
Amor, Actitud

Movimiento y Mevitación®©
Agradecimiento
Responsabilidad
Es decir voy amando todos los movimientos de la vida.
Agradezco la oportunidad de realizar movimientos positivos y certeros para la realización de la meta.

La responsabilidad y el compromiso de llevar a cabo la meta y el modelo son importantes para todo lo que se refiere a llevar la vida a otro nivel.

DÍA SIETE INICIAR - AMAR

En este día séptimo inicio AMAR que quiere decir Actitud Movimiento y Agradecimiento, donde mi nueva actitud me hará realizar el movimiento correcto y así la acción de hoy me llevara a avanzar en mi meta.

Como mi meta me gusta tanto siempre quiero llevarla a otro nivel y cada vez me gusta más la forma en que estoy realizando mi meta y a la vez me gusta el modelo como lo voy realizando.

En este día lo más importante es mi responsabilidad para el cumplimiento de mi meta y si mi responsabilidad es de un grado alto continuaré con el movimiento de la primera semana las siguientes semanas.

Pero si quiero impulsarme otra vez con mi meta debo seguir al modelo movimiento de la segunda semana.

Amar

En este día ya hemos identificado nuestra meta y vamos accionando y trabajando para que nuestra meta se realice mantenemos los cambios y la transformación identificados para

nuestro éxito y las personas que se encuentran en nuestro alrededor.
Mi meta debe tener la oportunidad de ser amada.

Recapitulando

Semilla en mí

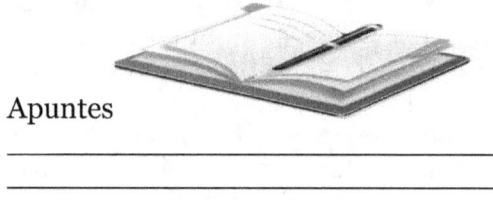

Apuntes

_____
_____
_____

Mevitación En Mi AMAR ® ©
MEVITACIÓN ®
Método modelo Motivación y Movimiento Visualización y transformación en mi amar.

Proceso para Mevitar
1. Colocarse cómodo
2. Recorrer el sitio
3. Sentir el sitio
4. Visualizar el sitio

Pueden realizarlo con una música agradable. En 5 minutos piense en solo el sitio respirando tranquilamente. Siente que todo tu cuerpo mevita y está en el sitio tus órganos están en el sitio. Tomar energía positiva del sitio.

Ejercicio Modelo Movimiento

Ejercicio

Ejercicio
Modelo Movimiento
Elije un área de tu vida que este en tu mente en este momento.
Puede ser porque es un problema o un reto, o puede que sea algo excitante y positivo.
Asegúrate que es Algo sobre lo que tú tengas control e influencia.
1, Escribe una oración que describa la situación

_____
_____
_____
_____

Ejemplos de metas a seguir relacionado en empresas:

- Este año voy a ser el mejor empresario de mi empresa
- Voy a empezar mi propia empresa
- Voy a ahorrar más dinero con mi empresa
- Necesito algo de práctica espiritual.
- Voy a dejar los malos hábitos que no me dejan ser un buen vendedor.

- Voy a aprender otro idioma.
- Un empleo especifico que quiero.
- Preparar unas vacaciones
- Quiero estudiar cursos y seminarios para aumentar mi conocimiento en empresas.
- Quiero aprender a motivar a mi equipo de trabajo
- Proyectos laborales

- Salud, estado físico y bienestar.
- Crecimiento personal
- Formación profesional
- Economía domestica
- Amigos, pareja y familia
- Relaciones con los socios y clientes.

Movimiento

1. ¿Qué está pasando ahora, que te dice que esto es importante para ti?

_____
_____
_____
_____

2. ¿Qué te está faltando?

_____
_____

_____
_____

1. Numeración de ideas para lograr la meta

_____
_____
_____
_____
_____

2. ¿Qué hacer para que el movimiento sea cumplido y así tu meta?

_____
_____
_____
_____

Ejercicio Movimiento En Mí
-¿Cuáles son mis creencias en este momento?

_____
_____
_____

¿Cuáles son tus oportunidades?
_____
_____

¿Qué me gustaría que pasara?
_____
_____

¿Mi movimiento y cumplimiento es?
_____
_____

¿Mi transformación?

¿Qué pasará cuando sea cumplido mi objetivo?

_____

_____

Espero puedan practicar los modelos para planear mejor la apertura de mi empresa o negocio.
Les deseo las más motivadas y exitosas empresas

BIBLIOGRAFIA

Hanan, Mack, James j. Cribbin y Herman Heiser. Consulative Selling. Nueva York: AMACOM 1973.

Raux, Emille. Handbook of Successful New Sales Ideas. Nueva York: Castle Books, n.d.

• Seligman, M. E. P y Csikszentmihalyi, M. (2000),"positive Psychology: an introduction", American Psychologist.

• Cayrol, A, y J. de Saint – Paul: Mente sin límites: la PNL,
• Barcelona, Paidós Ibérica, 1992 (3ª ed).
• Programación neurolingüística cambie su vida con PNL (Dr Roderich Heinze. Sabine Vohmann – Heinze.

KOTLER, P.: Dirección de mercadotecnia, 2.ª ed., México: Diana, 1974.

GLOSARIO tomado del diccionario Larousse y diccionarios en internet.

CUENTO, tomado del libro Happy Lonely Planet.